Dieter Elken/Meno Hochschild • **ISRAEL – EIN KOLONIALSIEDLERSTAAT**

Dieter Elken/Meno Hochschild

Israel
– ein Kolonialsiedlerstaat in der Sackgasse

KAI HOMILIUS VERLAG – COMPACT

BISHER ERSCHIENENE TITEL DER REIHE COMPACT:

Detlef Joseph
VOM ANGEBLICHEN ANTISEMITISMUS DER DDR
COMPACT Nr. 1, ISBN 978-3-89706-401-0, 7,50 €

Gregor Schirmer
LISSABON AM ENDE?
Kritik der EU-Verträge
COMPACT Nr. 2, ISBN 978-3-89706-402-7, 7,50 €

Erich Buchholz
ÜBERWACHUNGSSTAAT
Die Bundesrepublik und der „Krieg gegen den Terror"
COMPACT Nr. 3, ISBN 978-3-89706-403-4, 7,50 €

Siegfried Prokop
DIE BERLINER MAUER (1961-1989)
Fakten, Hintergründe, Probleme
COMPACT Nr. 4, ISBN 978-3-89706-404-1, 7,50 €

© Kai Homilius Verlag, Berlin 2009
Alle Rechte vorbehalten. Ohne ausdrückliche Genehmigung des Verlages ist es nicht gestattet, dieses Werk oder Teile daraus auf fotomechanischem Wege (Fotokopie, Mikrokopie) zu vervielfältigen oder in Datenbanken aufzunehmen.

COMPACT – Nr. 5
Kai Homilius Verlag
www.kai-homilius-verlag.de
E-Mail: home@kai-homilius-verlag.de

Autoren: Dieter Elken, Meno Hochschild
Druck: Printed in E.U.
ISBN: 978-3-89706-405-8

Inhaltsverzeichnis

1. Teil von Dieter Elken

Statt eines Vorwortes: Israel und die deutsche Staatsräson 7
Zionistischer Mythos und das Existenzrecht Israels 11
Israel: Staat ohne Staatsnation 13
Der Zionismus entstand als a priori rassistische Kolonialbewegung 18
Der „Judenstaat" ist ein Kolonialsiedlerstaat 25
Eine Kolonialsiedlerbewegung im Bündnis mit den
herrschenden Mächten – und unter falscher Flagge 26
Die Rolle des Arbeiterzionismus bei
der Kolonisation Palästinas 29
Die Histadrut: Eine Apartheid-Gewerkschaft 30
Legitimation Israels durch den Holocaust? 32
Säkularer Staat oder Staatsreligion? 37
Staat aller Staatsbürger oder Staat einer Nation? 39
Die Grenzen Israels 41
Die palästinensisch-arabische Minderheit in Israel
Die Landfrage 46
Ausnahmegesetzgebung und legale Diskriminierung:
„Krieg gegen das palästinensische Volk" 49
Soziale Diskriminierung 53
Diskriminierung im Arbeitsleben 56
Kulturelle Unterdrückung 56
Verbot arabischer Buchimporte 59
Zerstörung von moslemischen Heiligtümern und Kulturstätten 60
Politische Diskriminierung 61
Offener Rassismus und antiarabische Pogrome: „Tod den Arabern" 66
Israel nach dem Sechstagekrieg 1967 –
der zionistische Staat kennt keine Grenzen 70
Schlimmer als südafrikanische Apartheid: Das Besatzungsregime in
den seit 1967 besetzten Gebieten (Westjordanland und Gazastreifen) 72
Aussichten: Gibt es einen diplomatischen Weg zum Frieden? 79

2. Teil von Meno Hochschild
Antisemitismus, Zionismus und Israel

Friedensbewegung kaputt 91
Linke trommelt für Israel 91
Die These vom linken Antisemitismus 93

Die materiellen Ursachen des Antisemitismus 95
Theoretische Defizite der deutschen Linken 95
Léons Analyse der jüdischen Frage 95

Die Ideologie des Antisemitismus 100

Der Holocaust 104
Auschwitz – die Zweckerfüllung des Faschismus? 104
Die Funktion des Antisemitismus im NS-Staat 106
Die Bedeutung des KZ-Terrors 107
Ist der Holocaust ökonomisch zu erklären? 110

Der Charakter des Zionismus 112
Die zionistische Utopie 112
Die Bedeutung des Holocausts für die Gründung Israels 114
Zionismus und Antisemitismus 116
Zionismus ist kolonialistische Aggression 119
Doppelcharakter Israels? 121
Das schlechte Gewissen der RL 123

1. Teil von Dieter Elken

Statt eines Vorwortes:
Israel und die deutsche Staatsräson

„Jede Bundesregierung und jeder Bundeskanzler vor mir waren der besonderen historischen Verantwortung Deutschlands für die Sicherheit Israels verpflichtet. Diese historische Verantwortung Deutschlands ist Teil der Staatsräson meines Landes. Das heißt, die Sicherheit Israels ist für mich als deutsche Bundeskanzlerin niemals verhandelbar", bilanzierte Bundeskanzlerin Angela Merkel am 18. März 2008 das Verhältnis deutscher Regierungen zu Israel.[1] Diese Erklärung Angela Merkels darf in der Bundesrepublik fast schon als nicht kritisch hinterfragter parlamentarischer und massenmedialer Konsens gelten. Ein Konsens mit praktischen Auswirkungen.

So hatte beispielsweise nach den von der Hamas gewonnenen palästinensischen Nationalratswahlen 2006 Merkels Sprecher erklärt: „Die radikal-islamische Hamas muss nach Ansicht von Bundeskanzlerin Angela Merkel (CDU) das Existenzrecht Israels ‚ohne Wenn und Aber' anerkennen und auf Gewalt verzichten, wenn die Zusammenarbeit der EU-Staaten mit der Palästinensischen Autonomiebehörde fortgesetzt werden solle."[2] Selbst während des kriegsverbrecherischen Gemetzels an Zivilisten während des israelischen Gazafeldzuges zur Jahreswende 2008/2009 nahm die Bundesregierung die nicht den Tatsachen entsprechende israelische Kriegspropaganda für bare Münze, wonach die Hamas den seit Sommer 2008 vereinbarten Waffenstillstand gebrochen habe. Folgerichtig wurde für Israel Partei ergriffen.

---

1 http://service.tagesschau.de/download/pdf/merkel_rede_vor_knesset2008-03-18.pdf
2 www.welt.de/print-welt/article194086/Merkel_Hamas_muss_Existenzrecht_Israels_ohne_Wenn_und_Aber_anerkennen.html

Im Mai 2008 bekannte sich auch Gregor Gysi auf einer Rede in der Rosa-Luxemburg-Stiftung zum Existenzrecht Israels. Die Gewährleistung des Existenzrechts Israels, verkündete er, sei Bestandteil der deutschen Staatsräson, die die Linke zu akzeptieren habe.

Diese Art von Erklärungen sind in der deutschen Politik nichts Neues. Im vergangenen Jahrzehnt wurde diese Art von Bekenntnissen zu einer Konstante deutscher Politik.

Das Existenzrecht Israels sei „unantastbar", betonten CDU und CSU in ihrer gemeinsamen Erklärung vom 5. April 2002. Die FDP wollte sich nicht lumpen lassen und bekräftigte in ihrem Parteitagsbeschluss vom 11. Mai 2002 das „uneingeschränkte Existenzrecht Israels". Ebenso proklamierte Ex-Außenminister Fischer am 25. April 2002 im Bundestag das uneingeschränkte Existenzrecht Israels. Der frühere PDS-Fraktionsvorsitzende Roland Claus ließ sich bei diesem Anlass ebenfalls nicht lange bitten: „Das Existenzrecht Israels darf nicht infrage gestellt werden und wird auch nicht infrage gestellt." Bundeskanzler Schröder fasste dies vorab am 12. Dezember 2001 so zusammen: „Klar ist für uns Deutsche: Das Existenzrecht Israels ist nicht verhandelbar. Es ist unveräußerliche Grundlage deutscher Politik."

Wo in politischen Reden so viel Pathos und so wenig historische wie politische Substanz mitschwingt, wäre eigentlich die kritische Aufmerksamkeit der Medien gefragt. Doch das scheint hierzulande zu viel verlangt. Dabei drängen sich Fragen auf: Haben Staaten ein Existenzrecht? Wenn ja, was bedeutet dessen Anerkennung oder Nichtanerkennung? Wieso ist Israel der einzige Staat, der die quasi naturrechtliche Anerkennung seines Existenzrechts verlangt? Und wer hat von einer deutschen Regierung verlangt, über das Existenzrecht Israels zu verhandeln?

Die BRD ist natürlich nicht in der Lage, ein solches Existenzrecht Israels wenn es denn eines gibt, zum Handelsobjekt zu machen, es zu veräußern. Welches Interesse hat angesichts dessen die sogenannte politische Klasse dieses Landes daran, diese Frage immer wieder aufzuwerfen? Und schließlich: Was bedeutet es, wenn in diesem Zusammenhang von Staatsräson gesprochen wird?

Selbst vielen Anhängern der Linken dürfte nicht klar sein, dass Gysis Bekenntnis zur deutschen Staatsräson für eine linke Partei eine tiefe Zäsur bedeutet: Das Bekenntnis zur „Staatsräson" bedeutet seit Macchiavelli die unbedingte Treue zum eigenen Staat und zwar um jeden Preis, unabhängig von Recht und Verfassung. Das Konzept der „Staatsräson" ist ein vordemokratisches, außerkonstitutionelles. Es signalisiert ein rein taktisches Verhältnis zu verfassungsrechtlich garantierten Grundrechten und demokratischen Werten. Es nimmt daher nicht Wunder, dass die „Staatsräson" vorrangig in rechtskonservativen Diskursen herumgeistert. Dass Merkel diesen Begriff benutzt, kann daher nicht wirklich überraschen. Bei Gysi sieht das anders aus.

Wer, wie viele politische Rechte von einer „Staatsräson" ausgeht, meint nicht einmal einen bürgerlich-demokratischen Verfassungspatriotismus, sondern erkennt an, dass es unabhängig von positivem Recht und Verfassung nationale, d. h. im Klartext: Interessen der herrschenden Klasse gibt, die unter allen Umständen zu verteidigen seien, d. h. ohne Bindung an das geltende Recht auf nationaler wie internationaler Ebene. Gysi hat damit nicht etwa seine Verfassungstreue erklärt, sondern im Gegenteil seine Bereitschaft, auch jenseits der Verfassung die Interessen der herrschenden Klasse zur Grundmaxime seiner Politik zu machen. Er bemüht zur Begründung auch nur vordergründig Moral und höhere Werte. Seine Begründung ist so einfach wie opportunistisch: Die „tatsächlichen Verhältnisse" seien nun einmal so, dass die deutsche Vergangenheit eine Infragestellung der moralischen Basis der deutschen Israelpolitik nicht erlaube. Wenn

„Die Linke mitregieren wolle, müsse sie sich anpassen: Es bleibe dann „nur eine konsistente Option, die Anerkennung eines möglichen Vernunftgehalts moralischer Rechtfertigung politischer Prämissen, die dann mit der Entscheidung einhergehen müsste, diejenigen Wirklichkeitselemente, die sich tatsächlich auch vernünftig rechtfertigen lassen, nicht ändern zu wollen." Mehr Anbiederung an die Ideologie der herrschenden Klasse ist kaum möglich.

Gysis Prämissen sind infrage zu stellen, nicht zuletzt die Annahme, die deutsche Israel-Politik habe eine moralische Grundlage.

Die BRD hat als eine der wichtigsten imperialistischen Führungsmächte Europas, wenn nicht als die wichtigste Führungsmacht, tatsächlich die Fortexistenz Israels zu einer der Grundlagen ihrer Politik gemacht. Sie unterstützt darüberhinaus seit vielen Jahren nahezu kritiklos jeden Schritt der jeweiligen israelischen Regierungspolitik. Zudem fördert sie im Rahmen der Europäischen Union ebenso wie innenpolitisch die ökonomischen und politischen Interessen Israels bis hin zur großzügigen Finanzierung proisraelischer Propaganda. Dies lässt sich nicht allein damit erklären, dass das deutsche Kapital und seine Regierung wie alle imperialistischen Mächte ein geostrategisches Interesse an der staatlichen Existenz Israels hat. Israel ist zu einem Eckpfeiler der imperialistischen Ordnung im Nahen Osten geworden und es ist diese Ordnung, die wiederum die Energieversorgung des Imperialismus maßgeblich sichert.

Die deutsche Israelpolitik verfolgt jedoch vorrangig innenpolitische Zwecke. Das Bekenntnis zur historischen Verantwortung Deutschlands für Israel – auf sehr fragwürdige Weise aus dem von den Nazis begangenen Völkermord an den Juden hergeleitet – demonstriert einen ebenso vordergründigen wie pathetischen Bruch der BRD und ihrer tragenden gesellschaftlichen Kräfte mit dem Faschismus.

Diese Zielsetzung hat einst Adenauer in seiner Erklärung vom 27. September 1951 vor dem Bundestag ausdrücklich benannt: „Hier und da sind Zweifel laut geworden, ob das neue Staatswesen in dieser bedeutsamen Frage von Prinzipien geleitet werde, die den furchtbaren Verbrechen einer vergangenen Epoche Rechnung tragen und das Verhältnis der Juden zum deutschen Volk auf eine neue und gesunde Grundlage stellten." Er erklärte sich dann bereit, „gemeinsam mit den Vertretern des Judentums und des Staates Israel, der so viele jüdische Flüchtlinge aufgenommen hat, eine Lösung des materiellen Wiedergutmachungsproblems herbeizuführen".

Indem der Faschismus seit Adenauers Zeiten propagandistisch auf den Holocaust reduziert wird, wird zugleich dessen untrennbarer Entstehungszusammenhang mit der Existenzkrise des Kapitalismus nach dem Ersten Weltkrieg, mit imperialistischer Aggressivität nach außen (52 Millionen Tote im 2. Weltkrieg) und brutaler politischer Diktatur nach innen ideologisch entsorgt.

Die bundesdeutsche Politik suchte aus diesem Grund schon seit Adenauer den Schulterschluss mit der israelischen Regierungspolitik und ließ sich willig auf die Kampfideologie des Zionismus nach 1948 ein, wonach jede Infragestellung des Existenzrechts Israels gleichbedeutend mit Antisemitismus sei.[3]

Zionistischer Mythos und das Existenzrecht Israels

Viele derjenigen, die sich zu Propagandisten Israels berufen fühlen, gehen sogar so weit, jede Kritik an der israelischen Politik als antisemitisch zu diffamieren.[4] Regelmäßig wird

---

3   Gestützt auf umfangreiches Archivmaterial analysiert Tom Segev in seinem Buch „Die siebte Million", Hamburg 1995, diesen Schulterschluss, der im beiderseitigen Interesse war.

4   Vgl. Lothar Mertens: „Antizionismus: Feindschaft gegen Israel als neue Form des Antisemitismus", in: Wolfgang Benz (Hrsg.): Antisemitismus in Deutschland, München 1995

eine solche Kritik mit dem Vorwurf ergänzt, das Existenzrecht Israels werde negiert. Suggeriert wird damit nicht nur, dass das Existenzrecht Israels gleichbedeutend ist mit dem Existenzrecht des Judentums, sei es nun als Religionsgemeinschaft, als Nation oder gar als Rasse definiert, sondern darüber hinaus, dass die physische Existenz des Judentums selbst durch Antizionisten gefährdet werden soll.[5]

Die jüdische Glaubensgemeinschaft hat jedoch ursprünglich mit dem Staat Israel und seinem „Existenzrecht" nichts zu tun. Die ideologische Kunstfigur des Existenzrechts Israels hat ihren Ursprung nicht in der messianisch-religiösen Tradition des Judentums, sondern im Zionismus. Das zionistische Staatsbildungsprojekt widerspricht der jüdisch-religiösen Orthodoxie. Es ist seinem Wesensgehalt nach eine nationalistisch-rassistische Bewegung ganz eigener Art, die das Judentum weder als Religionsgemeinschaft noch als Nation gesellschaftlich emanzipieren wollte, sondern durch die Schaffung eines neuen, sowohl rassisch wie national und religiös-kulturell lediglich in Umrissen bestimmten Kolonialsiedlerstaates. Der Zionismus war dementsprechend zu keinem Zeitpunkt eine nationale Befreiungsbewegung. Er suchte im Gegenteil sein Heil stets im Bündnis mit den Mächten, die er in der jeweiligen internationalen Lage für dominant hielt.

Die erst Ende des 19. Jahrhunderts gegründete zionistische Bewegung hat die kolonialistische Durchdringung des osmanischen Palästinas nicht begonnen. Sie hat die damals schon jahrzehntelang betriebenen und z. T. konkurrierenden Kolonialsiedlungsprojekte der Barone Rothschild und Hersch nur zu einem vordergründig jüdisch-nationalistischen Kolonialsiedlungsprojekt zusammengefasst. Dessen Legitimität

---

5 So endet der Beitrag eines gewissen „is" auf der Homepage hagalil.com vom 18.4.2002 mit der Aussage: „Wer sich heute in die Front der Antizionisten einreiht, ist genauso Täter wie diejenigen, die jüdische Friedhöfe schänden oder Brandbomben auf Synagogen werfen."

war in den Augen der Zionisten aus natürlichem und historischem Recht gegeben – völlig unabhängig vom Holocaust, der sich erst ein halbes Jahrhundert später ereignen sollte.[6]

Das zionistische Kolonialsiedlungsprojekt war mithin zu keinem Zeitpunkt der Geschichte das politische Projekt aller Juden. Die Kritik an ihm kann schon deshalb nicht mit Judenfeindschaft schlechthin gleichgesetzt werden.

Israel: Staat ohne Staatsnation

Mehr als fraglich war dabei übrigens, ob das Judentum insgesamt zu irgendeinem Zeitpunkt tatsächlich als Nation existierte. In der Zeit der Entstehung der zionistischen Bewegung traf das allenfalls auf das osteuropäische Judentum zu.

Abraham Léon erklärte das Überleben des Judentums in der Diaspora in der Weise, dass er darauf hinwies, dass nur die Teile des Judentums nicht in ihre soziale Umgebung assimiliert wurden, die in den jeweiligen Gesellschaften eine besondere soziale Funktion erfüllten und eine Art „Volksklasse" bildeten, die ihrerseits immer wieder Konvertiten aufgenommen hatte. Obwohl der Begriff der Volksklasse nur bedingt als geeignete Begrifflichkeit für diese sozialgeschichtliche Konstitution des Judentums passt, kritisiert Abraham Léon richtig die entscheidenden Mythen der zionistischen Ideologie.

„Der Zionismus ist also eine sehr junge Bewegung, die jüngste der europäischen nationalen Bewegungen. Das hindert ihn aber keineswegs – und zwar weniger als alle anderen Nationalismen – an der Behauptung, dass er seine Substanz aus sehr ferner Vergangenheit ziehe. Während der Zionismus in Wirklichkeit ein Produkt der letzten Phase des bereits morschen Kapitalismus ist, beansprucht er jedoch, seinen Ursprung in einer mehr als zweitausendjährigen Vergangenheit

---

6   Peter Gottstein: Israels Palästina-Politik 1984-1988, Ebenhausen 1989, S. 32 f.

zu haben. Während er realiter eine Reaktion gegen die für Juden so verhängnisvolle Verknüpfung feudalistischer und kapitalistischer Auflösungstendenzen ist, versteht er sich als Reaktion auf die jüdische Geschichte seit der Zerstörung Jerusalems im Jahre 70 der christlichen Zeitrechnung. Seine junge Existenz ist natürlich der beste Beweis für die Unrichtigkeit dieser Behauptung. (...) Wie alle Nationalismen jedoch – und noch weit stärker – betrachtet der Zionismus seine Vergangenheit im Lichte der Gegenwart. Auf diese Weise verzerrt sich das Bild der Gegenwart. (...) so versucht der Zionismus den Mythos des ewigen Judentums zu schaffen, das ständig mit denselben Verfolgungen habe kämpfen müssen."[7]

Dies alles hat, vor allem in Osteuropa, bedingt durch die Gesellschaftskrise beim Übergang vom Feudalismus zum Kapitalismus, den Nährboden für einen jüdischen Nationalismus bereitet – als Reaktion auf den Antisemitismus.[8] Die zionistische Bewegung hatte dabei ein Riesenproblem. Die Sprache des osteuropäischen Judentums und seine Kultur waren jiddisch, nicht hebräisch. Die jiddischsprachige jüdische Bewegung in Osteuropa lehnte den als politisch-ideologische Bewegung faktisch in Mittel- und Westeuropa entstandenen Zionismus strikt ab (was auch umgekehrt galt). Sowohl das orthodoxe Judentum wie die jiddische Arbeiterbewegung wollte eine soziale und demokratische Emanzipation in den jeweiligen nationalen Gesellschaften. Das Judentum in den westeuropäischen Ländern war in noch größerem Maße Bestandteil der jeweiligen nationalen Kulturen und wollte dies in aller Regel auch sein. Für die Juden im Osmanischen Reich und dessen Nachfolgestaaten im Nahen Osten und Nordafrika galt prinzipiell nichts anderes. Es sprach arabisch bzw.

---

7   Abraham Léon: Judenfrage und Kapitalismus, 2. Auflage, München 1973, S. 103
8   Vgl. Matthias Mieses: Der Ursprung des Judenhasses, Berlin/Wien 1923, S. 570 ff.

türkisch oder armenisch. Die zionistische Bewegung belebte für ihr koloniales Siedlungsprojekt die bis dahin nahezu tote hebräische Sprache, um ihre Träume von neuen Menschen Wirklichkeit werden zu lassen, lehnt es aber dennoch ab, von einer hebräischen Nation zu sprechen.

Moshe Machover stellte dazu fest: „[...] nach der zionistischen Ideologie gibt es keine hebräische Nation, sondern bloß Angehörige einer weltweiten jüdischen Nation, die bereits in ihr Heimatland ‚zurückgekehrt' sind, eine Vorausabteilung ihrer Brüder in der Diaspora, die das Recht – und die heilige Pflicht – haben, der Vorhut zu folgen und sich im Land Israel zu versammeln."9 Und weiter: „Der Zionismus gibt sich als die nationale Bewegung dieser weltweit verbreiteten vorgeblichen Nation aus. Aber diese Selbstbeschreibung kann nicht für bare Münze genommen werden. Der Zionismus kann nicht wirklich als ‚jüdischer Nationalismus' betrachtet werden, es sei denn sehr weit und auf sehr paradoxe Weise, aus dem einfachen Grund, dass das Weltjudentum keine Nation in irgendeinem zeitgemäßen Sinne des Begriffs ist. Ihm fehlen alle objektiven Eigenschaften einer Nation. Ein britischer Jude, der in London lebt und, sagen wir ein iranischer Jude, der in Teheran lebt, haben außer der von beiden praktizierten Religion nichts gemein. Wenn es sich um ‚säkulare' Juden handelt, besteht die Gemeinsamkeit aus Erinnerungsresten bezüglich der Religion, die einst ihre Eltern oder Großeltern praktizierten. Überflüssig zu erwähnen, dass der Begriff der Nationalität im zeitgemäßen Sinne [...] eine säkulare Angelegenheit ist, die in keinem Bezug zur Religion steht.

Der Zionismus ist somit nicht der Nationalismus der realen hebräischen (‚jüdisch-israelischen') Nation, weil die zionistische Ideologie selbst das Vorhandensein dieser Nation leugnet. Und er kann nicht der Nationalismus der vorgeblich

---

9 Moshe Machover: „Zionism: propaganda and sordid reality", *Weekly Worker*, 18.9.2008

weltweiten jüdischen Nation sein, weil es eine solche Nation nicht wirklich gibt."[10]

Nichts illustriert das besser als ein Bericht der israelischen Zeitung Ha'aretz: „Eine Gruppe bekannter Israelis hat beim Obersten Gerichtshof Israels im Dezember 2008 Klage eingereicht, damit der Innenminister sie als Israelis registriert. ‚Wir sind Israelis und wollen als solche registriert werden', heißt es in der von Rechtsanwalt Yoela Har-Shefi eingereichten Antragsschrift. Der Innenminister hat eine Liste, in der 137 Nationalitäten aufgeführt sind, einschließlich der Abchasen, Assyrer und Samarier, aber die israelische findet sich auf ihr nicht. Der Staat Israel erkennt die Existenz einer israelischen Nationalität nicht an. Unter den Antragstellern gibt es in ihren Ausweisen als Juden, Drusen, Georgier, Russen kategorisierte, sogar einen Hebräer. Der Bezirksrichter in Tel Aviv, Yitzhak Shilo, hatte den Antrag mit der Begründung zurückgewiesen, dass eine Person nicht dadurch eine Nationalität schaffen könne, dass sie einfach die Behauptung aufstellte, sie existiere und dann sage, sie gehöre ihr an."[11] Die Juden Israels gehören allen möglichen, unterschiedlichen Nationalitäten an. Es gibt äthiopische Israelis, iranische Israelis, amerikanische Israelis, russische Israelis etc. Die offizielle israelische Haltung hierzu lässt keine Unklarheiten übrig.[12]

Der zionistische Mythos von der Existenz eines jüdischen Volkes, das über mehrere Tausend Jahre seine genetisch-ethnische und kulturelle Identität bewahren konnte, wird auch von anderer Seite angekratzt: Die seriöse historische Forschung stellt den zionistischen Mythos von der Vertreibung des gesamten jüdischen Volkes und seiner Rückkehr nach annähernd 2000 Jahren Diaspora infrage.

---

10   Ebenda
11   *Ha'aretz*, März, 2009
12   Vgl. Yassamine Mather: „Dead and buried", www.cpgb.org.uk/worker/761/deadand.html

Der israelische Historiker Shlomo Sand veröffentlichte 2008 ein viel diskutiertes Buch mit dem Titel „Wann und wie das jüdische Volk erfunden wurde" (auf Hebräisch). In ihm vertritt er ausgehend von dem Umstand, dass die Römer niemals ganze Völker vertrieben haben, die These, dass die Palästinenser sehr viel eher die ethnischen Nachkommen des biblischen Volkes Israel seien als die eingewanderten jüdischen Israelis. Diesen gegenüber hätten sich die Juden der Diaspora jahrhundertelang mit anderen Ethnien vermischt. Die osteuropäischen Ashkenasi, die bei der zionistischen Besiedlung Palästinas eine große Rolle spielten, seien z. B. Juden, die Nachfahren der Bevölkerung des Königreichs der Khasaren waren (das Reich erstreckte sich bis ins dreizehnte Jahrhundert auf die Steppen entlang der Wolga). Dieses Reich war unter seinem Herrscher erst im 8. Jahrhundert zum Judentum konvertiert.[13] Joshua Holland verweist unter Bezugnahme auf die israelischen Autoren Israel Bartal und Tom Segev darauf, dass diese grundlegenden Fakten wichtigen zionistischen Führern wie Ben Gurion, Yitzhak Ben-Zwi und anderen schon lange bekannt waren.[14] Sand vertritt daher die These, dass der Mythos vom durch die Römer vertriebenen jüdischen Volk ursprünglich keine reale geschichtliche Grundlage gehabt habe. Es habe keine umfassende Vertreibung der Juden aus Palästina gegeben. Die ganze Mär sei entstanden nicht als jüdischer, sondern als ein christlicher Mythos: Die Juden seien von Gott bestraft worden, weil sie die christliche Botschaft nicht hätten annehmen wollen.[15] Die zionistische Bewegung habe daraus den ihren Zwecken dienenden Mythos der Rückkehr gemacht.

---

13 Ofri Ilani: „Shattering a ‚national mythology'", www.haaretz.com/hasen/spages/966952.html
14 Joshua Holland: „Controversial Bestseller Shakes the Foundation of the Israeli State", www.alternet.org/module/printversion/122810
15 Ilani, a. a. O.

Der Zionismus entstand als a priori rassistische Kolonialbewegung

Die in Westeuropa entstandene zionistische Bewegung war zu keinem Zeitpunkt eine nationale Bewegung des Judentums. Das Anliegen der wohlhabenden westeuropäischen Juden war es, den Zustrom verarmter osteuropäischer Juden nach Westeuropa weiterzuleiten, der periodisch durch antisemitische Ausbrüche verstärkt wurde. Die zionistischen Ideologen an der Spitze der zionistischen Organisationen wollten diesen Zustrom für ihr Kolonialsiedlungsprojekt nutzen, für das sie eine völlig neue Nation schaffen wollten.

Der Gedanke einer umfassenden jüdischen Nation oder Rasse war in Wirklichkeit das ideologische Konstrukt von Antisemiten. Die Zionisten akzeptierten deren These, dass Juden kein Bestandteil einer nichtjüdischen Gesellschaft sein sollten.[16] Im Vorwort zu Lenni Brenners Buch „Zionismus und Faschismus" wird dazu ausgeführt:

„Das Verhältnis von Zionismus und Antisemitismus ist nicht nur das einer Art feindlicher Symbiose. Der Zionismus hat als ideologisches Produkt des Nationalismus des neunzehnten Jahrhunderts eine Vielzahl von ideologischen Versatzstücken der seinerzeit herrschenden Ideologien übernommen. Diese ideologischen Anleihen gelten jeweils nicht unbedingt für die gesamte zionistische Bewegung, die von Anfang an ein breites ideologisches Spektrum in sich barg. Dennoch trug die zionistische Bewegung von Anfang an zahlreiche reaktionäre Züge.

Dies kommt nicht zuletzt in den Bildern zum Ausdruck, in denen zionistische Autoren die Suche nach einer neuen jüdischen Identität beschrieben. Amnon Rubinstein, im Kabinett Rabin während der neunziger Jahre israelischer Minister, schreibt: „...am Anfang wimmelte es in der zionistischen

---

16 Tony Greenstein: „Anti-Zionism is Not Anti-Semitism", www.whatnextjournal.co.uk/Pages/Politics/Spikedreply.html

Literatur von solchen Bildern: Der alte Jude im Vergleich mit dem neugeborenen Hebräer; der Jude in der Diaspora gegenüber dem in Israel geborenen Sabra; der Jid von früher gegenüber dem wieder zum Leben erweckten Makkabäer, der untergeordnete Jude gegenüber dem Superjuden.' Er resümiert: ‚Der Zionismus wurde, besonders in Osteuropa, auf dieser vollkommenen Ablehnung der jüdischen Existenz in der Galut[17] gegründet (...) Der Zionismus gibt sich nicht damit zufrieden, dass die Juden ihre verlorengegangene Souveränität wiedererlangen und in ihr niemals vergessenes Heimatland zurückkehren; er will auch die Hebamme sein, die den Juden hilft, einen neuen Menschen zu gebären. Diese Revolution ist – ebensosehr wie das politische Verlangen nach Unabhängigkeit – das Fundament der zionistischen Philosophie."[18]

Umgekehrt implizierte diese Haltung natürlich auch ein gewisses Verständnis des Zionismus für den Antisemitismus. Herzl glaubte erkennen zu können, was „im Antisemitismus roher Scherz, gemeiner Brotneid, angeerbtes Vorurteil, religiöse Unduldsamkeit – aber auch, was darin vermeintliche Notwehr ist".[19] (Anmerkung: Gemeint ist die „Notwehr" der Völker gegen die Juden!). Herzl sprach daher folgerichtig auch von „anständigen Antisemiten".[20]

Die Idee von der Schaffung eines neuen und starken Juden, geschaffen im Wege einer Art nationaler Wiedergeburt, wurde durch eine der damals verbreiteten kolonialistisch-rassistischen Weltanschauung entlehnte rassistische Überlegenheitsideologie komplettiert. So äußerte sich der Historiker

---

17   Worterklärung: Galut bedeutet Exil. Rubinstein verwendet hier einen ideologisch befrachteten Begriff. Bereits zu Beginn der christlichen Zeitrechnung war die Mehrheit der Juden freiwillig aus Palästina emigriert.
18   Amnon Rubinstein: Geschichte des Zionismus – Von Theodor Herzl bis Ehud Barak, München 2001, S. 25
19   Theodor Herzl: Der Judenstaat, Zürich 1997, S. 16
20   Vgl. Rubinstein, a. a. O., S. 46

Joseph Klausner: „Unsere Hoffnung, eines Tages Herr in unserem eigenen Haus zu sein, stützt sich nicht auf unsere Fäuste oder unsere Schwerter, sondern auf unsere Überlegenheit über Araber und Türken."[21] Und Jabotinskys Haltung, des Führers der zionistischen Rechten, war ebenso unzweideutig. Er erklärte, der Zionismus wende sich nach Osten, führe aber die Kultur des Westens mit sich: „Wir Juden haben nichts gemein mit dem, was man ‚den Osten' nennt und dafür danken wir Gott."[22] Jabotinsky machte sich dabei über das Verhältnis zu den Arabern die wenigsten Illusionen. Anders als Herzl fabulierte er nicht, Palästina sei ein Land ohne Menschen, sondern formulierte 1923 in seinem Artikel ‚Die eiserne Wand. Wir und die Araber' ganz offen das Ziel der zionistischen Politik: „Die zionistische Kolonisation, sei sie auch noch so eingeschränkt, muss entweder eingestellt oder unter Missachtung des Willens der einheimischen Bevölkerung fortgeführt werden. Diese Kolonisierung kann daher nur unter dem Schutz einer von der einheimischen Bevölkerung unabhängigen Kraft fortgesetzt und entwickelt werden – einer eisernen Wand, die von der einheimischen Bevölkerung nicht durchbrochen werden kann. Das ist, kurzgefasst, unsere Politik gegenüber den Arabern. Sie anders auszudrücken, wäre nichts als Heuchelei."[23]

Auch wenn heute vielen Fürsprechern des Zionismus diese kaltschnäuzige Offenheit Jabotinskys peinlich ist, so beschreibt sie exakt die politische Praxis der zionistischen Bewegung seit ihren Anfängen, wie unten noch zu zeigen sein wird.

In den Ländern, in denen der Zionismus für sein Kolonialsiedlerprojekt warb und wirbt, geht der Zionismus eine

---

21 Joseph Klausner: Hashilo'ah, Bd. 17, Odessa 1907, S. 574 – zitiert nach Rubinstein, a. a. O., S. 83
22 Zitiert nach Rubinstein, a. a. O., S. 84
23 Ze'ev Jabotinsky: „The Iron Wall. We and the Arabs", www.saveisrael.com/jabo/jabowall.htm

Art feindlicher Symbiose mit Antisemiten ein. „Die zionistische Bewegung muss sich einerseits gegen den Antisemitismus wenden, ist aber zugleich auf dessen Existenz als Bedingung für die eigene Existenz angewiesen und benötigt sein reaktionäres Wirken, damit der Zustrom von jüdischen Immigranten nach Israel nicht versiegt. Nathan Weinstock stellte in seinem Buch „Der Zionismus gegen Israel" fest: „Das kausale Band zwischen rassistischen Verfolgungen und dem Fortschritt des zionistischen Nationalismus ist augenscheinlich. Jede Etappe der jüdischen Kolonisation nach Palästina entspricht der Intensivierung des Antisemitismus. Schließlich sind die Emigrationswellen, die 1882 und 1904 begannen, direkte Produkte von Pogromen."[24] Tatsächlich haben führende Repräsentanten des Zionismus dessen gefährlichsten Feind nicht im Antisemitismus erblickt, sondern in der Assimilation von Juden in ihre Völker. So formulierte es Nahum Goldmann, der ehemalige Präsident des „Allgemeinen Jüdischen Weltkongresses" und des „Zionistischen Weltverbandes": „Die Gefahr der Assimilation der jüdischen Gemeinschaft unter den Völkern, in deren Mitte sie leben, ist sehr viel ernster als die äußere Bedrohung durch den Antisemitismus."[25]

Theodor Herzl sah in seinen Tagebuchaufzeichnungen im Antisemitismus keinen wirklichen Feind: „Der Antisemitismus, der in der großen Menge etwas Starkes und Unbewusstes ist, wird aber den Juden nicht schaden. Ich halte ihn für eine dem Judencharakter nützliche Bewegung."[26] Es wundert daher nicht, dass er mit diesen Übereinkommen suchte.

Nicht zuletzt handelte es sich bei den Antisemiten, Chauvinisten und Ultranationalisten für gewöhnlich auch um die Befürworter eines ungezügelten Kolonialismus, um deren

---

24 Nathan Weinstock: Le sionisme contre Israël, Paris 1969, S. 55
25 *Le Monde*, 13.01.1966, zitiert nach Weinstock, a. a. O., S. 38
26 Zitiert nach http://de.wikiquote.org/wiki/Theodor_Herzl

Unterstützung der Zionismus warb und auf deren politische Unterstützung er zur Realisierung seines Kolonialsiedlerstaatsprojekts angewiesen war. „Diese Haltung war die Grundlage, auf der Herzl ein faktisches Bündnis mit der zaristischen Bewegung suchte, die für die Pogrome von Kishinev im April 1903 verantwortlich war. Im August desselben Jahres traf er den Innenminister, den Grafen von Plehwe, und kam mit diesem überein, dass die zionistische Bewegung als Gegenleistung für die Unterstützung des Zionismus durch Russland auf die Kritik des dortigen Regimes verzichten würde."[27]

Der Zionismus wollte niemals den Antisemitismus bekämpfen. Er suchte die Unterstützung von Antisemiten und reaktionären Kolonialpolitikern, um anderswo, in Palästina, eine völlig neue Nationalkultur zu schaffen. Amnon Rubinstein schreibt in seiner Geschichte des Zionismus: So „stand der Begriff Hebräer für den Willen, ein neues Volk – eine neue Nation, einen neuen Goi – zu schaffen, das in seinem eigenen Land lebte und seine eigene Sprache sprach. Der palästinensische junge Hebräer war der Superjude, und die Entstehung des Sabra-Kults unterstrich diesen Unterschied zwischen neu und alt noch."[28]

Es ist angesichts dessen nicht verwunderlich, dass die ZVfD, die Zionistische Vereinigung für Deutschland am 21. Juni 1933 von sich aus dem Nazi-Regime ihre Kollaboration anbot, wobei die ZVfD damals nicht etwa eine rechte Splittergruppe in der zionistischen Bewegung war, sondern deren Gesamtheit in Deutschland repräsentierte. Sie demonstrierte zugleich ihre geistige Nähe zur rassistischen Nazi-Ideologie: „Taufe und Mischehe wurden im politischen und im Wirtschaftsleben begünstigt. So kam es, dass zahlreiche Menschen jüdischer Abstammung die Möglichkeit fanden, wichtige Positionen einzunehmen und als Repräsentanten deutscher

---

27 Greenstein, ebenda
28 Rubinstein, a. a. O., S. 50

Kultur und deutschen Lebens aufzutreten, ohne dass ihre Zugehörigkeit zum Judentum in Erscheinung trat.

So entstand ein Zustand, der heute im politischen Gespräch als ‚Verfälschung des Deutschtums' und als ‚Verjudung' bezeichnet wird.

(...) Der Zionismus täuscht sich nicht über die Problematik der jüdischen Situation, die vor allem in der anormalen Berufsschichtung und in dem Mangel einer nicht in der eigenen Tradition verwurzelten geistigen und sittlichen Haltung besteht. Der Zionismus erkannte schon vor Jahrzehnten, dass als Folge der assimilatorischen Entwicklung Verfallserscheinungen eintreten mussten, die er durch Verwirklichung seiner das jüdische Leben von Grund auf ändernden Forderungen zu überwinden sucht.

(...) Der Zionismus glaubt, dass eine Wiedergeburt des Volkslebens, wie sie im deutschen Leben durch Bindung an die christlichen und nationalen Werte erfolgt, auch in der jüdischen Volksgruppe vor sich gehen müsse. Auch für den Juden müssen Abstammung, Religion, Schicksalsgemeinschaft und Artbewusstsein von entscheidender Bedeutung für seine Lebensgestaltung sein. Dies erfordert die Überwindung des im liberalen Zeitalter entstandenen egoistischen Individualismus durch Gemeinsinn und Verantwortungsfreudigkeit.

(...) Wir wollen auf dem Boden des neuen Staates, der das Rassenprinzip aufgestellt hat, unsere Gemeinschaft in das Gesamtgefüge so einordnen, dass auch uns, in der uns zugewiesenen Sphäre, eine fruchtbare Betätigung für das Vaterland möglich ist.

(...) Für seine praktischen Ziele glaubt der Zionismus auch die Möglichkeit einer grundsätzlich judengegnerischen Regierung gewinnen zu können, weil es sich in der Behandlung der jüdischen Frage nicht um Sentimentalitäten, sondern um ein reales Problem handelt, an dessen Lösung alle

Völker, und im gegenwärtigen Augenblick besonders das deutsche Volk, interessiert sind."

Wer dieses Bekenntnis zu Rassismus und zur Kollaboration mit den Nazis kennt, dem ist unmittelbar klar, dass der Zionismus allenfalls teilweise und nur oberflächlich betrachtet auf die jüdisch-religiöse Tradition zurückgreift und dass er ideologisch vor allem bei reaktionären politischen und geistigen Strömungen im imperialistischen Europa des ausgehenden 19. Jahrhunderts Anleihen machte. Das politische Spektrum der zionistischen Bewegung umfasste aber auch die an den Kolonialismus und Imperialismus angepasste Arbeiterbewegung. Es war und ist deshalb immer sehr breit gewesen. Einigkeit herrschte in diesem Spektrum immer nur in einem Punkt: der Schaffung, Beibehaltung und Festigung eines „jüdischen Staates" auf dem Gebiet des historischen Palästinas. Der Religionsphilosoph Yeshayahu Leibowitz dazu: „Zionismus will ganz klar und eindeutig – und das gilt für alle, die als Zionisten gelten, und die, die sich für Zionisten halten – die politische, nationale Selbständigkeit des jüdischen Volkes. Die Struktur des Staates ist kein Problem des Zionismus. Sie ist ein Problem des Staates. Martin Buber war genauso Zionist, wie ich einer bin. Er wollte auch die Selbstständigkeit des jüdischen Volkes. Das wollen diejenigen von uns, die radikale Sozialisten sind ebenso wie diejenigen, die – die gibt es unter uns – Faschisten sind. Zionismus ist keine weltanschauliche Idee, kein Glaube, kein philosophisches System, sondern eine ganz nackte politische Idee: die nationale Selbständigkeit des jüdischen Volkes. Und nationale Selbständigkeit kann heute in der Welt nur in Form eines Staates realisiert werden."[29]

Das ideologische Konstrukt eines Existenzrechts Israels meint deshalb nichts anderes als das Verlangen nach der Anerkennung des Rechts auf einen spezifisch jüdischen Staat.

29 www.nahost-politik.de/friedensbewegung/leibowitz.htm

Was aber bedeutet unter diesen Umständen die Bezeichnung „Judenstaat" bzw. das Konzept des jüdischen Charakters Israels für die nichtjüdischen Bewohner Palästinas?

Der „Judenstaat" ist ein Kolonialsiedlerstaat

Als propagandistische Kampfphrase ist das angeblich durch den Holocaust legitimierte Existenzrecht Israels eingebunden nicht in die ursprüngliche zionistische Ideologie, sondern in die Nach-Weltkrieg-II-Ära, in der das viel ältere Projekt des israelischen Kolonialsiedlerstaates im Nachhinein gerechtfertigt wurde mit der Notwendigkeit eines sicheren Hafens aller Juden vor dem Holocaust. Dieser Propagandamythos wird in vielen bürgerlichen Massenmedien kritiklos übernommen. So heißt es in einem in nahezu jeder Einzelheit falschen Kommentar der Süddeutschen Zeitung: „Israel würde es ohne die Deutschen nicht geben. Der Staat der Juden ist die Antwort auf den Holocaust. Hunderttausende Juden haben nach dem Zweiten Weltkrieg und der Vernichtungsorgie der Nationalsozialisten eine Heimat zwischen Mittelmeer und Jordan gesucht und gefunden. Vor 60 Jahren, im Mai 1948, rief David Ben-Gurion den Staat aus. Jedes weitere Jahr, das Israel existiert, ist für das Volk im übertragenen Sinne ein Sieg über Hitler."[30] In einem Beitrag des Radiosenders Deutsche Welle wird formuliert: „Während der Herrschaft der Nationalsozialisten in Deutschland, die 1945 endete, wurden in Europa sechs Millionen Männer, Frauen und Kinder jüdischen Glaubens ermordet. Als Konsequenz daraus wurde mit Unterstützung der Vereinten Nationen ein eigener jüdischer Staat gegründet."[31]

---

30 Thorsten Schmitz: „Das neue Israel", www.sueddeutsche.de/politik/851/436597/text/print.html
31 „Der Traum vom eigenen Land", 22.4.2008, www.dw-world.de/dw/article/0,2144,3257390,00.html

Jenseits aller propagandistischen Nebelwerferei und ideologischen Mythenbildungen empfiehlt es sich, sich eine kleine Rückschau auf die wirklichen Ursprünge des israelischen Staates zu erlauben.

Wer vom Existenzrecht Israels spricht und die Kritik an der israelischen Regierungspolitik als antisemitisch geißelt, sollte zuvor auch die Frage beantworten, ob ein Staat überhaupt Rechte (im Gegensatz zu Kompetenzen) haben kann oder ob nicht vielmehr nur Menschen Rechteinhaber sein können. Er sollte sich Gedanken darüber machen, was für ein Staat Israel jenseits ideologischer Mythen tatsächlich ist und welches Verhältnis dieser Staat zum Judentum wie zur arabischen Bevölkerung Palästinas hat. Was bedeutet es, dass Israel beansprucht, nicht der Staat aller seiner Bürger sondern buchstäblich der Staat aller Juden zu sein? Und was war und ist Antisemitismus? Die prozionistische Propaganda schweigt sich zu diesen Fragen entweder aus oder stellt so unsinnige und der tatsächlichen Geschichtsentwicklung Hohn sprechende Thesen auf wie die, dass es seit über 2000 Jahren einen im Kern unveränderten Antisemitismus gegeben habe. Ganz laut wird in dieser Propaganda der Mythos verbreitet, die Staatsgründung Israels habe ihre wesentliche Ursache im Holocaust. Die historischen Tatsachen sehen aber anders aus.

Eine Kolonialsiedlerbewegung im Bündnis mit den herrschenden Mächten – und unter falscher Flagge

Die Ende des 19. Jahrhunderts entstandene zionistische Bewegung hat ihr Projekt der Gründung eines Kolonialsiedlerstaates von Anfang an im Bündnis mit den Mächten betrieben, die die Palästinenser unterdrückten: den ottomanischen Herrschern (und dem mit ihm verbündeten deutschen Kaiserreich), danach mit der britischen (vom „Völkerbund" ausgestatteten) Mandatsmacht und schließlich, nach dem 2.

Weltkrieg, massiv unterstützt von den USA. Die palästinensische Bevölkerung wehrte sich sehr bald gegen den zionistischen Einwandererstrom, weil das zionistische Projekt eines rein jüdischen Staates dadurch verwirklicht werden sollte, dass ein „rein" jüdischer Wirtschafts- und Selbstverwaltungssektor geschaffen wurde, ein Staat im Staate.

Das Projekt eines solchen Kolonialsiedlerstaates, das die einheimische Bevölkerung ausschloss und auf die Errichtung eines abgesonderten, von Kolonialsiedlern beherrschten Staatswesens abzielte, war a priori rassistisch – unabhängig davon, wo es realisiert werden sollte. So schrieb der als Begründer des Zionismus geltende Theodor Herzl schon am 12. Juni 1895 in sein Tagebuch:

„Den Privatbesitz der angewiesenen Ländereien müssen wir sachte enteignen. Die arme Bevölkerung trachten wir unbemerkt über die Grenze zu schaffen, indem wir ihr in den Durchgangsländern Arbeit verschaffen, aber in unserem eigenen Lande jederlei Arbeit verweigern. Die besitzende Bevölkerung wird zu uns übergehen. Das Expropriationswerk muss ebenso wie die Fortschaffung der Armen mit Zartheit und Behutsamkeit erfolgen. Die Immobilienbesitzer sollen glauben, uns zu prellen, uns über dem Wert zu verkaufen. Aber zurückverkauft wird ihnen nichts."[32]

Anders als der israelische Historiker Benny Morris, der von einem den Ausführungen Herzls entsprechenden stillschweigenden Konsens innerhalb der zionistischen Bewegung bereits vor dem Ersten Weltkrieg spricht – stillschweigend, weil alles andere die Beziehungen zwischen der noch schwachen Kolonistenbewegung, dem Yischuv, und der einheimischen Bevölkerung und der osmanischen Regierung

---

32 Theodor Herzl, *Complete Diaries*, S. 88 ff., zitiert nach Derek J. Penslar: „Herzl und die Araber Palästinas: Mythos und Gegenmythos", www.zionismus.info/herzl/penslar.html

belastet hätte[33] –, glaubt der kanadische Historiker Penslar, die für sich selbst sprechenden Tagebuchnotizen Herzls als Fieberfantasien abtun zu können. Er lässt sie nicht als antiarabisch gelten, weil unter den Gründern der zionistischen Bewegung der künftige geographische Ort der zionistischen Kolonie noch nicht festgestanden habe.[34]

Diese Argumentation geht an der Tatsache vorbei, dass eine nichtstaatliche Kolonialgesellschaft, die Ende des 19. und zu Anfang des 20. Jahrhunderts in einer unter den Kolonialmächten weitestgehend aufgeteilten Welt ohne vorherige militärische Eroberung und ohne unmittelbar zielgerichtete Förderung der das vorgesehene Besiedlungsgebiet beherrschenden Macht ein neues Kolonialsiedlungsprojekt verfolgte, kaum anders vorgehen konnte, als von Herzl skizziert. Herzls Konzeptionen waren für das Bürgertum der Kolonialmächte nichts Ungewöhnliches. Aber auch wenn die demokratische und liberale Öffentlichkeit der imperialistischen Demokratien der nördlichen Halbkugel diesen Aspekt der eigenen kolonialistischen Vergangenheit heute gern mit dem Deckmantel vorgeblich zivilisatorischer Missionen gegenüber den „Wilden" kaschiert: Wer will ernstlich leugnen, dass die Schaffung fast eines jeden Kolonialsiedlerstaats der neuzeitlichen Geschichte mit ethnischen Säuberungen, Rassismus und/oder Völkermorden einherging? Die von vielen begangenen kolonialistischen Verbrechen der Vergangenheit können jedoch keine kolonialistischen Verbrechen historisch „zu spät" in Angriff genommener Kolonialsiedlungsprojekte rechtfertigen.

Die Versuche, den reaktionären Inhalt von Herzls Konzeption zu relativieren, sind endlich deshalb inakzeptabel, weil, wie Morris freimütig einräumt, diese Konzeption eins

---

33 Benny Morris: The Origins of the Palestinian Refugee Problem Revisited. Cambridge: Cambridge University Press, 2004, S. 41
34 Penslar, a. a. O.

zu eins umgesetzt wurde – und zwar nicht nur vom sog. rechten Flügel der zionistischen Bewegung, sondern federführend von dessen linkem Flügel.

Die Rolle des Arbeiterzionismus bei der Kolonisation Palästinas

Eine Schlüsselrolle spielte bei der Kolonisation auch der sog. Arbeiterzionismus und hier die Histadrut, eine Organisation der Arbeiterkolonisten, die bei europäischen Sozialdemokraten und Reformisten das Image einer echten Gewerkschaft hat.[35] Die spätere Premierministerin Golda Meir erinnerte sich: „Damals (1928) wurde ich Mitglied des Exekutivkomitees der Histadrut. Das war zu einer Zeit, als die große Gewerkschaft nicht einfach nur eine Gewerkschaftsorganisation gewesen ist. Sie war eine große Kolonisierungsagentur."[36] Pinhas Lavon, damals Vorsitzender der Histadrut, ging so weit, sie 1960 „im Kern als allgemeine Organisation" zu beschreiben: „Sie ist keine Gewerkschaft."[37]

Die Histadrut, die „Allgemeine Konföderation der hebräischen Arbeit" wurde 1920 von zwei zionistischen Arbeiterparteien nur für jüdische Arbeiter gegründet. Von Anfang an verschloss sie sich arabischen Arbeitskräften.[38] Im gleichen Jahr schuf die Histadrut die zionistische Terrorgruppe Haganah, aus der später die israelische Armee entstand. 1930 ging aus ihr die MAPAI hervor, die israelische Partei der Arbeit,

---

35 Die folgenden Ausführungen zur Rolle der Histadrut stützen sich im Wesentlichen auf den sehr informativen Aufsatz von Tony Greenstein: „Histadrut: Israel's racist ‚trade union'", in: *The Electronic Intifada*, 10. März 2009
36 *Observer*, 24. Januar 1971, zitiert von Uri Davies: Utopia Incorporated, Zed Press, S. 142., zit. nach Greenstein, a. a. O.
37 Moed, Histadrut Department of Culture and Education, 1963, S. 3, zitiert von Arie Bober (Hrsg.): The Other Israel: The Radical Case Against Zionism, S. 125, zit. nach Greenstein
38 Sawt el-Amel's Assessment of the Histadrut, www.laborers-voice.org

deren höchstes Ziel die Staatsgründung war. Ihr erster Vorsitzender, David Ben Gurion, wurde schon 1935 Vorsitzender der Jewish Agency, der Vorläuferin späterer israelischer Regierungen vor der Staatsgründung. 1948 wurde Ben Gurion erster israelischer Premierminister.

Das primäre Ziel der Histadrut war nicht die Vertretung der gewerkschaftlichen und sozialen Interessen ihrer Mitglieder, sondern die Kolonisierung Palästinas. Da es keine nennenswerte jüdische Bourgeoisie in Palästina gab, übernahm sie auch deren Rolle und gründete zahlreiche Unternehmen[39] – nicht zuletzt solche, deren Gründung sich aus kapitalistischer Sicht nicht rentierte, die aber für die Entwicklung eines autonomen jüdischen Wirtschaftssektors wichtig waren.

Die Histadrut: Eine Apartheid-Gewerkschaft

Tony Greenstein berichtet, welche zentrale Rolle die Histadrut für die Realisierung des zionistischen Kolonialsiedlerprojekts spielte, das darauf abzielte, die Palästinenser erst aus der Wirtschaft und dann auch noch aus ihrem Land zu verdrängen: „Als die Arbeitslosigkeit in der zionistischen Wirtschaft Palästinas in den zwanziger Jahren wuchs, begann die Histadrut eine Kampagne zur Förderung der jüdischen Arbeit (Avodat Ivrit) und jüdischer Produkte (Totzeret Haaretz), die im Wesentlichen im Boykott arabischer Arbeit und Waren bestand. David Ha Cohen, der frühere Geschäftsführer von Solel Boneh, beschrieb, was das hieß: ‚Ich musste meine Freunde in der Frage des jüdischen Sozialismus bekämpfen, weil ich verteidigte, dass von meiner Gewerkschaft, der Histadrut, keine Araber aufgenommen wurden; weil ich verteidigte, dass wir Hausfrauen dazu aufrufen, nicht bei Arabern zu kaufen; dass wir vor Obstplantagen Wache standen, um

---
39 Ebenda

zu verhindern, dass dort Araber als Erntehelfer eingesetzt wurden, … dass wir Kerosin über arabische Tomaten gossen, dass wir jüdische Hausfrauen auf Märkten angriffen und ihre arabischen Eier auf dem Boden zerschlugen, die sie dort gekauft hatten; … dass der Kauf Dutzender von Dunum (Ländereien) von Arabern erlaubt war, aber dass es um Gottes willen verboten war, einen jüdischen Dunum an einen Araber zu verkaufen, dass Rothschild, die Inkarnation des Kapitalismus, als Sozialist zu gelten hatte und dass er ‚Wohltäter' genannt wurde – das alles zu tun war nicht leicht. (David Hirst, *The Gun and the Olive Branch*, Nation Books, 2003, 2. Aufl., S. 185, zitiert nach: Haaretz, 15. November 1969)

1944 provozierte das bloße Gerücht, dass ein Café in der exklusiv jüdischen Stadt Tel Aviv ein paar arabische Arbeiter beschäftigte, eine Zusammenrottung Tausender von Demonstranten…"[40]

Jedes Mitglied des zionistischen Gewerkschaftsverbandes, berichtet Nathan Weinstock, hatte zwei Sonderbeiträge zu leisten: Einen für Fonds für jüdische Arbeit, der u. a. zur Finanzierung von Streikposten gegen die Beschäftigung von arabischen Arbeitskräften diente und zweitens zur Finanzierung der Boykottkampagne gegen arabische Waren.[41]

Die zionistische Besiedlung Palästinas stieß deshalb schon sehr bald auf den Widerstand der Palästinenser.

Unabhängig von der Tatsache, dass es vor dem 2. Weltkrieg keine ernsthaften Aussichten zu geben schien, das Siedlerstaatsprojekt zu verwirklichen, war jeder zionistische Einwanderer faktisch Soldat einer a priori deutlich erkennbar auf die Vertreibung der palästinensischen Bevölkerung abzielenden strategischen Operation. Der israelische Held

---

40 Greenstein, a. a. O.
41 Nathan Weinstock: Zionism: False Messiah, Ink Links LTD, 1979, S. 184

des Sechstagekrieges von 1967, Moshe Dayan, kommentierte die Entwicklung so: „Weshalb hassen die Araber die Juden? Antwort: Sie sehen uns als Fremde, als Invasoren, die ein arabisches Land eroberten und es in einen jüdischen Staat verwandelten. Und sie haben damit recht. Von ihrem Standpunkt aus stimmt das. Wir kamen nicht her, um uns einzufügen oder um einen Beitrag für die arabischen Länder zu leisten. Wir kamen hierher, um unseren Staat zu gründen, weil wir das Gefühl haben, dass dies unsere Heimat ist."[42] Am 30.9.68 war Dayan in der Jerusalem Post noch deutlicher: „Jede Lösung [des arabisch-zionistischen Konflikts] – einschließlich der Schaffung eines binationalen Staates – steht vor der Alternative, entweder den Auffassungen und Wünschen der Araber entgegenzukommen und damit dem Zionismus ein Ende zu bereiten oder die Einwanderung, den Landkauf und die Besiedlung fortzusetzen, während den palästinensischen Arabern zugleich das Recht versagt wird, über die Zukunft des Landes zu bestimmen."

Die Palästinenser, die von der zionistischen Bewegung niemals um Zustimmung zur Einwanderung bzw. zionistischen Siedlungspolitik gebeten wurden, hatten jede moralische, politische und völkerrechtliche Legitimation, sich der zionistischen Kolonialsiedlerpolitik zu widersetzen.

Legitimation Israels durch den Holocaust?

Das Grauen, das die nationalsozialistische Vernichtungsmaschinerie verbreitete, diente dem Zionismus erst relativ spät als zusätzliche Rechtfertigung für das Projekt des eigenen, „jüdischen" Staates. Die Opfer des deutschen Faschismus, des Nationalsozialismus und seiner Vernichtungsmaschinerie, spielten im ursprünglichen strategischen Kalkül der zionistischen Führer bis zum Ende des Krieges nur eine mar-

---

42 *Sunday Times*/London, 23.3.1969

ginale Rolle. Erst später erkannten sie in vollem Umfang, wie er politisch nutzbar gemacht werden konnte. „Das ‚Erbe des Holocaust' ist demnach weitgehend eine Möglichkeit für weltliche Israelis, ihre Verbundenheit mit dem jüdischen Erbe zu demonstrieren. Und seine Bedeutung im täglichen Leben nimmt stetig zu. Israel ist ‚jüdischer' geworden und zeigt sich weniger israelisch. (…) Es ist sogar ein … dominanter Bestandteil der israelischen Identität geworden".[43] Dabei wurden die Überlebenden der NS-Vernichtungsmaschinerie nach dem Krieg in Israel zunächst sogar mit einer gewissen Verachtung ignoriert.[44] Ein wenig von dieser Haltung hat sich bis jetzt erhalten. Noch in jüngerer Zeit, 2007, klagte eine Vertreterin der letzten 60.000 Überlebenden der Vernichtungslager, Gal Rotem, die Regierung Olmert habe Zusagen zur Versorgung der verarmten Opfer nicht eingehalten. „Israel hat deutsche Reparationen erhalten, um sich eine Handelsflotte zuzulegen, hat aber versäumt, den Genozid-Überlebenden die zwei bis fünf Milliarden Schekel (350 bis 875 Millionen Euro) zu überweisen, die ihnen zustehen."[45]

Sozialpsychologisch verschmolz für die meisten der Staatsgründer erst in der Zeit nach dem Eichmann-Prozess die Massenvernichtungsmaschinerie des Nationalsozialismus mit der großmäuligen Kriegspropaganda der Araber zu einem untrennbaren Bedrohungsszenario.[46] Die jüdisch-israelischen bewaffneten Kräfte waren jedoch entgegen allen Mythen schon 1947 besser bewaffnet, besser ausgebildet und mit einem professionelleren Offizierskorps versehen als die arabische Seite.[47]

---

43 Tom Segev: a. a. O., S. 670 ff.
44 Ebenda, S. 668 f.
45 „Holocaust-Überlebende setzen Olmert unter Druck", www.spiegel.de/politik/ausland/0,1518,497131,00.html
46 Gottstein, a. a. O., S. 34
47 Vgl. Benny Morris: 1948 and After. Israel and the Palestinians, Oxford 1990, S. 14

Mit der Schaffung des Staates Israel sollte, so die ursprüngliche zionistische Vorstellung, das zur Nation gewandelte Judentum zu einem wahrhaft gleichberechtigten, normalen Volk in der Gemeinschaft der Völker werden – zugleich, und im Widerspruch dazu, zum Leuchtfeuer der europäischen Zivilisation im rückständigen Osten. Das politische Spektrum Israels reicht im Spannungsfeld dieser Traditionen deshalb von marginalen postzionistischen Kräften, die die friedliche Integration Israels in den Nahen Osten und die Gleichberechtigung von Juden und Arabern in Israel fordern bis zu den aggressivsten Großisraelkolonisten, die Araber allenfalls als vorübergehend noch nach Großisrael pendelnde Arbeitskräfte dulden wollen und nur aus taktischen Gründen von der Vertreibung der Palästinenser Abstand nehmen. Absolut vorherrschend, und zwar bis weit in die israelische Friedenbewegung hinein, ist in der jüdisch-israelischen Gesellschaft die Auffassung, dass der „jüdische Charakter" des israelischen Staates gewahrt werden müsse.

Dies wird in den imperialistischen Ländern weitestgehend akzeptiert, insbesondere in Deutschland.

Die israelische bzw. die zionistische Propaganda nutzt aber auch im angloamerikanischen Raum das verbreitete Unbehagen an der ignoranten Kriegführung der Alliierten im 2. Weltkrieg im Angesicht des Holocausts gezielt aus, um Kritik an der israelischen Politik als illegitim erscheinen zu lassen.[48] In der Frankfurter Rundschau thematisierte der Autor Lentin die Tatsache, dass die Schoah erinnert, vergessen, neu interpretiert und in verschiedenen Epochen und unterschiedlichen sozialen und politischen Klimata historisiert und … instrumentalisiert wurde.[49] Sehr ausführlich wird das sich wandelnde Verhältnis der israelischen Gesellschaft und Politik

---

48   Vgl. z.B. Ronit Lentin: „Der Schoah-Mythos ersetzt die Schoah selbst", *Frankfurter Rundschau*, 3.9.2002

49   Ebenda

zum Holocaust insgesamt und im Detail beschrieben in Tom Segevs Werk „Die siebte Million".[50] Die Lektüre ist geeignet, zahllosen Mythenbildungen der Diskussion in der breiten deutschen Medienöffentlichkeit den Boden zu entziehen.

In Deutschland ebenso wie in Israel wird jede ernsthafte Kritik an Israel mit dem Stigma des Antisemitismus versehen.[51] Dies, weil von vielen der Völkermord an den Juden, wenn schon nicht für die eigentliche Ursache der Staatsgründung, so doch für deren Legitimationsgrund gehalten wird. Entgegen allen historischen Tatsachen glauben anscheinend viele, die Staatsgründung sei das Werk der Überlebenden der Vernichtungslager der Nazis oder verleihe ihr eine unangreifbare Legitimation. Für deren Bedürfnis nach einem jüdischen Staat müsse man daher Verständnis haben.[52] Die Infragestellung des Existenzrechts Israels gilt unter dieser Voraussetzung konsequent als Beweis für Antisemitismus: „In letzter Konsequenz ist eben keine Position denkbar, die das Existenzrecht Israels infrage stellt, ohne im strikten Sinne antisemitisch zu sein."[53]

Das gilt auch für Teile der politischen Linken.[54] Soweit in diesem Zusammenhang überhaupt argumentiert wird, wird Antizionisten entweder die Schlussstrichmentalität rechter Stammtischbrüder und Dumpfbacken unterstellt oder verdrängte Schuldgefühle, die in Hass gegen diejenigen verwandelt werden, die, um im Jargon zu bleiben, Trauerarbeit leisten wollen. Peinlichst vermieden wird dabei jede Nähe zu

---

50 Tom Segev, a. a. O.
51 Vgl. Susann Heenen-Wolff: Erez Palästina. Juden und Palästinenser im Konflikt um ein Land, Frankfurt/M. 1990, S. 152 ff.
52 Vgl. hierzu Nadim Rouhana: „The Holocaust and Psychological Dynamics of the Arab-Israeli Conflict, www.violence.neu.edu/nadimrouhana
53 So Jörg Lau in der „Zeit" Nr. 27/2002
54 Siehe z.B. interim Nr. 550: „Innerlinke Debatte zur Israelsolidarität. Das Problem ist der Antisemitismus"

historischen Tatsachen und zur Geschichte der zionistischen Bewegung, sodass sich bei der einschlägigen Lektüre manchmal geradezu der Eindruck aufdrängt, die zionistische Bewegung sei eine Erfindung der Linken, deren Vergangenheitsbewältigung Defizite aufweist. Einer der führenden Vertreter dieser Strömung ist Martin Kloke. In seinem Aufsatz „Zwischen Scham und Wahn. Israel und die deutsche Linke 1945-2000"[55] schreibt er: „...mochten die SDS-Aktivisten nicht mehr an die historischen Voraussetzungen des Zionismus – seine Amalgamierung mit der jüdischen Leidensgeschichte in Europa erinnert werden. Auf der Grundlage simpler antiimperialistischer Erklärungsmuster vertrat der SDS bis zu seiner Selbstauflösung eine Politik der revolutionären ‚Unschuld'."

Damit wird der antizionistischen Linken ausgehend von einer Kollektivschuldtheorie, die ohne jede Begründung auch noch zu einer nationalen Erbschuldtheorie überhöht wird, eine Motivation unterstellt, die sie niemals hatte und haben konnte. Die Vertreter der Kollektivschuldtheorie unterstellen damit zugleich eine psychisch vermittelte nationale Schicksalsgemeinschaft, für die es keinerlei Belege gibt. Es handelt sich schlicht um einen nicht nachvollziehbaren Gipfelpunkt politischen (und auch moralischen) Unsinns. Ein intellektueller Unfug, der nur für denjenigen nachvollziehbar ist, der sich selbst nicht aus den Untiefen nationalistischer Ideologien befreien kann.

Bezeichnenderweise sind es hierzulande vielmehr die hiesigen Propagandisten Israels, die sich beharrlich weigern, sich mit der realen Geschichte des Völkermords an den Juden, seinem Platz in der Geschichte des Faschismus, der Krise des Kapitalismus etc. auseinanderzusetzen. Jede historische Einordnung des Holocaust, jeder Vergleich mit anderen Völkermorden, wird sofort als Relativierung der faschistischen Verbrechen denunziert und als latent antisemitisch stigmatisiert.

---

55 www.trend.infopartisan.net/trd0202/t190202.html

Schlimmer noch ist, dass viele in diesem Zusammenhang zu glauben scheinen, ihr Entsetzen über den Völkermord an den Juden erübrige die Auseinandersetzung mit den Ursachen, der Entwicklung und den jetzigen Gegebenheiten des Nah-Ost-Konflikts. Einige dieser Herrschaften wollen offenbar, dass das Entsetzen sprachlos bleibt, damit sie es um so besser instrumentalisieren können. Die faschistischen Verbrechen werden zu einem mystischen Phänomen, das sich jedem wissenschaftlich geführten Diskurs entzieht. Das hilft den Protagonisten dieser Haltung, mit dem Mythos politische Wertungen zu verbinden, die dann ebenfalls der kritischen Auseinandersetzung entzogen werden.

Säkularer Staat oder Staatsreligion?

Selbst aus liberaler Sicht ist die Identifikation eines Staates mit einer Religionsgemeinschaft nicht akzeptabel. Die Forderung nach der Trennung von Staat und Kirche gehörte seit der französischen Revolution vor über 200 Jahren zum Standardrepertoire des politischen Liberalismus und natürlich auch der Arbeiterbewegung. Es sollte deshalb völlig undenkbar sein, dass sozialistische Linke oder auch Liberale irgendeine Art von Staatsreligion akzeptieren, sei sie nun jüdisch, buddhistisch, christlich oder islamisch. Ein Existenzrecht z. B. der islamischen Republik Iran werden Linke deshalb ebensowenig anerkennen wie das Existenzrecht eines jüdischen Staates.

Auch in der BRD widersetzen sich als materialistische Marxisten ernstzunehmende Linke den Vorrechten vor allem christlicher Religionsgemeinschaften. In Israel kann grundsätzlich nichts anderes gelten. Linke werden daher immer und überall für die Säkularisierung aller existierenden Staaten eintreten und sich jeder Bevorzugung oder Benachteiligung der Angehörigen irgendeiner Religion bzw. Kirche widersetzen. Wie sieht die Praxis in Israel aus?

Israel hat zwar im formellen Sinne keine Staatsreligion, doch sind die Gesetzgebung und die Verwaltungspraxis stark von der jüdischen Religion in deren orthodoxer Tradition beeinflusst.[56] Bei der Staatsgründung Israels wurde dem orthodoxen Rabbinat das Recht zuerkannt, allein über Personenstandsfragen zu entscheiden. Das betraf das Ehe- und Scheidungsrecht, Todesfeststellungen und die Kompetenz, darüber zu entscheiden, wer für öffentliche Personenstandsregister ein Jude ist – einschließlich der Entscheidung darüber, wer zum Judentum konvertieren darf. Die konservativen Juden, die die Staatsgründung nicht unterstützt hatten ebenso wie die (vor 1933 z. B. in Deutschland vorherrschenden) sog. Reformjuden haben auf das jüdische Leben in Israel so gut wie keinen Einfluss.[57]

Im Familienrecht, das der Rechtsprechung der religiösen Gerichte unterliegt, sind Heiraten zwischen Juden und Palästinensern ausgeschlossen.[58] Aber auch Eheschließungen zwischen Juden und Nichtjuden sind in Israel nicht möglich, was nicht zuletzt viele der nichtjüdischen Angehörigen russischer Juden inzwischen zu einer Art Heiratstourismus zwingt.

Das Ministerium für religiöse Angelegenheiten in Israel verfügte 1998 über ein Budget von 430 Millionen Dollar. Hiervon wurden Christen, Drusen und Moslems bei einem Gesamtbevölkerungsanteil von 20 % nur 1,86 % zugewendet. Jüdische Institutionen erhielten mehr als 98 %.[59]

Erwähnt sei, dass die exklusiv jüdisch-klerikale Entscheidungskompetenz über Personenstandsfragen aber auch Sprengsätze für die jüdisch-israelische Gesellschaft selbst birgt:

---

56 Benjamin Akzin: „Menschenrechte in Israel", in: Cohn/Akzin/Klinghoffer/Bach/Glass: Die Menschenrechte in Israel, Heidelberg/Karlsruhe 1980, S. 21ff., 29 f.
57 Jonathan Cook: „Kosher feud polarises Israeli society", www.jkcook.net/Articles2/0201.htm
58 Vgl. Mather, a. a. O.
59 Adalah Report: Legal Violations of Arab Minorities in Israel, 1998

Viele der 1,2 Millionen russischen Einwanderer, die seit dem Zusammenbruch der Sowjetunion nach Israel strömten, sind nach keiner möglichen Sicht Juden. Nach israelischen Regierungsangaben handelt es sich um 300.000 Menschen, Nach einer russischen Studie sind nur 27 % der russischen Einwanderer tatsächlich Juden. Auch viele der Juden unter ihnen haben eine säkulare Identität. Nichtjüdische Familienangehörige russisch-jüdischer Einwanderer, nicht-jüdische Ehefrauen und ihre nicht als Juden geltenden Kinder sind in ihrer großen Mehrheit nicht willens, zum Judentum zu konvertieren, sondern sehen sich als Christen. Viele von ihnen sprechen nicht einmal hebräisch. Die meisten sehen russisches Satellitenfernsehen. Diese Einwanderer haben zwar die Pflicht, in der israelischen Armee zu dienen, dürfen aber keine Juden heiraten und werden nicht auf jüdischen Friedhöfen beerdigt. In einigen Fällen sind verwitwete russische Ehepartner sogar aus Israel ausgewiesen worden.[60] Die daraus resultierenden Reibungen bedrohen aus der Sicht der jüdisch-orthodoxen Zionisten den jüdischen Charakter der israelischen Gesellschaft.

Staat aller Staatsbürger oder Staat einer Nation?

Auch dann, wenn unter dem „jüdischen Charakter" Israels ein Nationalcharakter im Sinne einer neuen, hebräischen Nation verstanden würde – eine durchaus strittige These[61] – wäre dies nicht hinzunehmen. Israels arabisch-palästinensische Bevölkerung in den israelischen Grenzen von 1967 umfasst heute etwa 20 % der israelischen Bevölkerung, ca.

---

60 Cook, ebenda
61 Diese wird z. B. von Jakob Taut bestritten, der dies damit begründet, dass die israelischen Hebräer nur eine Komponente des Weltjudentums sind, dessen Nabelschnur zu einer vorgeblich neuen und gesonderten hebräischen Nation niemals durchtrennt wurde. Vgl. Jakob Taut: Judenfrage und Zionismus, Frankfurt/M. 1986, S. 158 ff.

1,4 Millionen Menschen. Es handelt sich nicht wie bei der jüdisch-hebräischen Bevölkerung um Einwanderer, deren Assimilation wenigstens mit dem Anschein von Legitimität verlangt werden könnte, sondern um Ureinwohner, deren Familien seit Jahrhunderten in Palästina verwurzelt sind.

Die palästinensischen Araber mit israelischen Pässen bilden ohne jeden Zweifel eine Minderheitsnationalität im israelischen Staat, mit eigener Kultur, Sprache und Geschichte. Sie werden aber nicht als eine Nationalität des Staates Israel anerkannt. Nach einem Urteil des israelischen Verfassungsgerichts von 1972 ist nur die jüdische Nation das israelische Staatsvolk.[62] Diese Minderheit fordert das Recht auf Gleichbehandlung und auf ein Leben ohne nationale Diskriminierung.

Dies war in Israel niemals gewährleistet. „Die Führung des Jischuw, aus denen die Führer des Staates wurden", beklagt Rabins Bildungsminister Rubinstein in seinem Buch „Geschichte des Zionismus", „hatte nicht den Verstand und die Sensibilität, der arabischen Minderheit in Israel gleiche Rechte zu garantieren".[63]

Dies, obwohl die Verfasser der israelischen Unabhängigkeitserklärung in der Tradition des ersten Zionistenkongresses an einen säkularen Staat dachten, der allerdings auf der jüdischen Geschichte basieren sollte. Doch die Wirklichkeit sah anders aus. Dieselben Politiker betrieben eine Politik der harten Hand gegenüber der arabisch-palästinensischen Bevölkerung. Diese wurde „als außergewöhnliches Sicherheitsproblem betrachtet, auf das die universalistische Botschaft nicht anwendbar war."[64]

---

62 Roselle Tekiner: „Israel's Two-Tiered Citizenship Law Bars Non Jews From 93 % of Its Lands", 13. Februar 2001, www.mediamonitors.net/tekiner1.html
63 Rubinstein, a. a. O., S. 308
64 Ebenda, S. 126

Die nationale Unterdrückung der palästinensischen Araber in Israel ist jedoch kein Betriebsunfall des Zionismus. Sie ist eingebettet in seine expansive Strategie der kolonialistischen Expansion. Alle Strömungen der zionistischen Bewegung wollten zumindest ein Israel in den Grenzen des britischen Mandatsgebiets Palästina. Einige mehr.[65] Alle betrachteten die Grenzen von 1948 nur als Provisorium.[66]

Die Grenzen Israels

Die stereotype Betonung des Existenzrechts Israels verstellt bei vielen den Blick darauf, wie dieser Staat entstanden ist und wie sich seine faktischen Grenzen entwickelten.

Der Teilungsplan der UNO von 1947 ignorierte unter Verstoß gegen Artikel 22 des Völkerbundstatuts und damit der Grundlagen des Völkerbundmandats die palästinensischen Unabhängigkeitsforderungen. Da die palästinensischen Araber in Palästina den weit überwiegenden Bevölkerungsanteil stellten, lehnte die UNO ein Referendum ab. Als die Briten aus ihrem Mandatsgebiet abzogen, kam es zum Krieg der umliegenden arabischen Staaten mit dem neu proklamierten jüdischen Staat. Schon Monate bevor dieser Krieg von arabischer Seite erklärt wurde, griff die zionistische Kolonialsiedlerarmee die arabische Bevölkerung an und begann mit der Vertreibung der arabisch-palästinensischen Bevölkerung. Im Zuge dieses Krieges wurden 700.000 Araber aus dem von den israelischen Truppen kontrollierten Gebiet vertrieben.[67] Dabei hatte selbst Ben Gurion eingeräumt, dass die Palästinenser bis zum Abzug

---

65 Vgl. Arnold Harttung (Hrsg.): Ursprung und Entwicklung des arabisch-israelischen Konflikts und der Palästina-Teilungsplan der Vereinten Nationen, Berlin 1993, S. 49
66 Taut, a. a. O., S. 156 f.
67 Vgl. hierzu Benny Morris, a. a. O., dort insbesondere S. 69 ff.

der britischen Truppen keine jüdischen Positionen in der nach dem Teilungsplan vorgesehenen jüdischen Zone angegriffen hatten.[68]

Die jüdische Armee, die Haganah, hatte also schon vor der Proklamation des Staates Israel eine Reihe von arabischen Stellungen besetzt und die Städte Tiberias, Haifa, Jaffa und Sadat „befreit". Große Gebiete Palästinas, solche innerhalb wie außerhalb des nach dem UN-Teilungsplan vorgesehenen jüdischen Staatsgebietes waren damit schon vor der proklamierten Unabhängigkeit Israels erfolgreich von arabischen Einwohnern ethnisch „gesäubert" worden. Das bekannte Massaker von Deir Yassin war nicht das einzige, mit dem die palästinensische Bevölkerung in Panik versetzt wurde. Der israelische Historiker Benny Morris gibt die Zahl aufgrund neuer Forschungen mit 24 an. „In einigen Fällen wurden vier oder fünf Leute exekutiert, in anderen 70, 80, 100. Es gab auch eine große Anzahl von willkürlichen Tötungen. Zwei alte Männer wurden gesehen, als sie über ein Feld gingen – sie wurden erschossen. Eine Frau wurde in einem verlassenen Dorf entdeckt – sie wurde erschossen. Es gibt Fälle wie den des Dorfes Dawayima (in der Region Hebron), in das eine Kolonne aus allen Rohren feuernd eindrang und wo alles getötet wurde, was sich bewegte.

Die schlimmsten Fälle waren Saliha (70-80 Tote), Deit Yassin (100-110), Lod (250), Dawayima (Hunderte) und vielleicht Abu Shusha (70). Es gibt keinen eindeutigen Beweis für ein großes Massaker in Tantura, aber Kriegsverbrechen wurden auch dort begann. In Jaffa gab es ein Massaker, über das bis dahin nichts bekannt war. Dasselbe gilt für Arab al Muwassi im Norden. Über die Hälfte der begangenen Massaker waren Teil der Operation Hiram (im Norden, im Oktober 1948): in Safsaf, Saliha, Jish, Eilaboun, Arab al Muwasi, Deir al Asad, Majdal Krum, Sasa. Im Verlauf der Ope-

---

68 David Ben Gurion: Israel – Years of Challenge, London 1964, S. 40

ration Hiram gab es eine ungewöhnlich hohe Konzentration der Exekutionen an Menschen, die dabei ordentlich an eine Wand oder einen Brunnen gestellt wurden.

Das kann kein Zufall sein. Es ist ein Muster. Allem Anschein nach haben die an der Operation teilnehmenden Offiziere verstanden, dass der Vertreibungsbefehl, den sie erhalten hatten, es ihnen erlaubte, diese Taten zu begehen, mit dem die Bevölkerung ermutigt wurde, sich auf den Weg zu machen. Tatsache ist, dass niemand für diese Mordtaten bestraft wurde."[69]

Diese Kriegsverbrechen ermöglichten es, den neuen Staat Israel, der nach den UN-Teilungsplänen einen sehr großen arabischen Bevölkerungsanteil gehabt hätte, als weitgehend jüdischen und noch dazu wesentlich größeren Staat zu gründen und zu stabilisieren, als nach dem UN-Teilungsplan vorgesehen. Bemerkenswert ist, dass die Gründer des neuen Staates Israel dessen Grenzen bewusst nicht definierten. Ben Gurion schrieb später: „Es wurde die Frage aufgeworfen, ob sich die Unabhängigkeitserklärung auf den Rahmen beschränken sollte, den der UN-Beschluss gesetzt hatte oder ob sie sich nur auf die Entschließung stützen sollte [...] ich widersetzte mich der Festlegung von Grenzen."[70]

So geschah es. Israel hat bis zum heutigen Tag seine territorialen Grenzen nicht definiert. Es hatte vor und nach der Staatsgründung stets eine Eroberungsstrategie verfolgt und verfolgt sie noch. Unmittelbar nach Beendigung des Krieges von 1948 lehnte Israel das Angebot der arabischen Staaten ab, Frieden auf der Basis des UN-Teilungsplans zu schließen. Die israelische Regierung zog es stattdessen vor, im Bündnis mit dem jordanischen Königreich das Mandatsgebiet Paläs-

---

[69] Zitiert nach Ari Shavit: „Survival of the Fittest", www.haaretz.com/hasen/pages/ShArt.jhtml?itemNo=380986&contrassID=2.

[70] Ben Gurion, a. a. O.

tina aufzuteilen und sich auf seine bereits damals überlegene Militärmacht zu stützen.[71]

Der Kommandant der Palmach, Yigal Allon, sprach später davon, Galiläa sei schon vor der Staatsgründung gesäubert worden, „um eine territoriale jüdische Einheit herzustellen". 1959 schrieb die Wochenzeitung Haolam Haze, dass die Vertreibung der arabischen Bauern von Beginn an ein wichtiges militärisches Ziel der hebräischen militärischen Kommandos war. Die Pläne zur Vertreibung der Palästinenser, die auf die Eroberung ganz Palästinas abzielten, waren schon seit 1945 von den zionistischen Militärs vorbereitet worden. Hierbei wurde auch auf Massaker und gezielten psychologischen Terror gesetzt. Eli Lobel schrieb dazu: „Das Massaker von Deir Yassin, kalt und grausam geplant, war eine Warnung an die palästinensischen Araber, um ihnen den Auszug zu ,erleichtern'."[72] Menachem Begin, späterer israelischer Ministerpräsident, rechtfertigte den Massenmord damit, dass es sonst keinen israelischen Staat gegeben hätte.[73] Yigal Allon, späterer Minister, bekannte, er habe das Gerücht verbreiten lassen, dass alle arabischen Dörfer verbrannt würden.[74] Tahar Brache berichtete, dass die Jewish Agency ein Spezialbüro für psychologische Kriegführung eingerichtet hatte, das mit wissenschaftlichen Methoden Panik unter den Palästinensern schüren sollte. Der spätere Generalstabschef Isaac Rabin beschrieb die Strategie wie folgt: „Indem wir keinen Stein auf dem anderen lassen und alle Einwohner verjagen ..., wird es

---

71 Vgl. Dominique Vidal: „The expulsion of the Palestinians re-examined", *Le Monde diplomatique* (engl. Ausgabe), Dezember 1997
72 Eli Lobel, in: S. Geries/E. Lobel: Die Araber in Israel, München 1970, S. 7
73 Menahem Begin: The Revolt: Story of the Irgun, New York 1951, S. 164
74 Zitiert nach Walter Hollstein: Kein Frieden um Israel, Wien 1984, S. 160

kein einziges Dorf mehr geben, in das die Araber zurückkehren können."[75]

Diese erste große ethnische Säuberungskampagne wurde bis 1949 fortgesetzt. Die neuere israelische Geschichtsforschung hat inzwischen unter Beweis gestellt, dass die Vertreibung der Palästinenser in Übereinstimmung mit den alten zionistischen Vorstellungen von Ben Gurion („Vertreibt sie") systematisch betrieben wurde. Die Nachweise wurden sogar Dorf für Dorf und von Stadt zu Stadt im Detail geführt.[76]

Die Mehrheit der Palästinenser wurde vertrieben. Mehr als 500 arabische Städte und Dörfer wurden zerstört. 80 % der palästinensischen Ländereien im eroberten Gebiet gerieten in den Machtbereich des neuen israelischen Staates.[77]

Es blieben danach nur noch knapp 160.000 palästinensische Araber im Land. Diese wurden zu israelischen Staatsbürgern zweiter Klasse, denen nach einer Handlung, „in der ein Treuebruch gegenüber dem Staat Israel zu erblicken ist", gemäß § 5 StAG (Staatsangehörigkeitsgesetz) jederzeit die Staatsangehörigkeit aberkannt werden kann.[78] Diese Bestimmung wird tatsächlich praktiziert. Im August und im September 2002 bürgerte der israelische Innenminister Eli Yishai insgesamt vier arabisch-israelische Staatsbürger aus.[79] Der extrem rechte israelische Politiker Avigdor Lieberman will sie massenhaft anwenden und forderte nach dem Gazakrieg

---

75 Zitiert nach Hollstein, ebenda, S. 161
76 Vgl. Dominique Vidal, a. a. O., unter Hinweis auf zahlreiche neuere Quellen, die sich auf inzwischen zugängliche israelische Archive stützen können.
77 Vgl. Abna El Balad: „For a Free Democratic Palestine", 2004, www.rorlstate.org/drupal/?q=en/node/35
78 Vgl. hierzu die instruktive Arbeit von Frank-M. Nowara: „Zur Staatsbürgerschaft palästinensischer Araber in Israel", www.friedensprozess.de/content/aufsaetze/aufsatz_002.shtml
79 The Arab Association for Human Rights, Weekly Review of the Arab Press in Israel, Nos. 87/5 und 92 (5.-12.08.02 bzw. 11.-16.09.02), www.arabhra.org

2009 von jedem arabischen Staatsbürger einen Loyalitätseid. Anderenfalls seien die Betreffenden auszubürgern.

Die palästinensisch-arabische Minderheit in Israel
Die Landfrage

Als israelische Staatsbürger wurden die Araber weiter drangsaliert. Der Vertreibung folgte die Enteignung. Enteignet wurden nicht nur die geflohenen Araber, sondern auch viele derjenigen, die geblieben waren. Hierzu wurden 1950, 1953 und noch 1960 spezielle Gesetze geschaffen, so die „Verordnung über verlassene Gebiete" und die „Bestimmungen über das Eigentum von Abwesenden" sowie die „Ausnahmebestimmungen". Dabei reichte die zeitweise Abwesenheit an einem den Betroffenen zuvor nicht bekannten Stichtag aus, um eine Enteignung durchzuführen.[80] Dies auch dann, wenn die Eigentümer ihr Eigentum längst wieder in Besitz genommen hatten, weil sie im israelischen Machtbereich geblieben waren. Diese wurden dann als „anwesende Abwesende" bezeichnet.[81]

Die Enteignung von Ländereien arabischer Eigentümer geht bis zum heutigen Tage unter Berufung auf Sicherheitsbedürfnisse des Siedlungsbaus oder auf Bedürfnisse des Straßenbaus weiter.[82] Bereits zu Anfang der achtziger Jahre waren 70 % der Ländereien, die 1948 arabische Eigentümer hatten enteignet.[83] In den neunziger Jahren waren 93 % des Landes jüdisch-israelisches Eigentum gegenüber 6,6 % vor 1948 (Käufe waren dabei seit 1940 um strategische Achsen entlang

---

80 Kolloquium arabischer Juristen über Palästina: Die Palästina-Frage, Algier 1967, S. 120
81 Jakob Taut, a. a. O., S. 187 ff.; Johannes Glasneck/Angelika Timm: Israel. Die Geschichte des Staates seit seiner Gründung, 2. Aufl., Bonn 1994, S. 87
82 Darüber berichtet z. B. Suzanne Goldenberg, *The Guardian*, 6.10. 2002
83 Hollstein, a. a. O., S. 165,

der projektierten Grenzen getätigt worden – eine Parallele zum jetzigen Vorgehen bei der Besiedlung des Westjordanlandes);[84]; die palästinensisch-arabischen Israelis besaßen nur noch 4,5%.[85] Selbst die Verwaltung dieser restlichen Ländereien wurde durch die Schaffung neuer Gemeindegrenzen den arabischen Gemeinden zum erheblichen Teil entzogen.[86] Ziel dieser Politik ist die „Judaisierung" (ein in Israel amtlich verwendeter Ausdruck) dicht besiedelter arabischer Gebiete.[87]

Selbst die Archäologie wird heute missbraucht, um Palästinenser aus ihren Häusern und Wohnvierteln zu verdrängen. So besetzte die Siedlerorganisation Elad in den vergangenen Jahren ein Dutzend Grünflächen in Silwan, einem Wohnviertel in der arischen Jerusalemer Altstadt. Sie führt dort Ausgrabungen durch. Dazu werden die Grundstücke abgesperrt und von bewaffneten Kräften bewacht. Auf zweien dieser Grundstücke, wo die Ausgrabungen beendet wurden, errichteten die jüdischen Siedler Häuser. Die Einwohner von Silwan haben gegen diese Maßnahmen 2008 eine Protestkampagne organisiert, die auch von vielen renommierten Archäologen aus aller Welt unterstützt wird.[88]

Ziel dieser Politik ist, in möglichst jeder Gemeinde eine jüdisch-israelische Mehrheit zu schaffen. Speziell in Galiläa im Norden Israels und in der Negevwüste, Gebieten mit arabischer Bevölkerungskonzentration, wird seit der Staatsgründung eine vom Staat geförderte Ansiedlungspolitik für jüdische Einwanderer betrieben. Besonders arme Immigranten werden

---

84 Vgl. Susann Heenen-Wolff, a. a. O., S. 71
85 Ludwig Watzal: Frieden ohne Gerechtigkeit? Israel und die Menschenrechte der Palästinenser, Köln/Weimar/Berlin 1994, S. 297
86 Jonathan Cook: „We Didn't Disappear", www.jkcook.net/Articles2/0292.htm#Top
87 Amos Wollin: „Diskriminiert und stets loyal. Zur Situation der palästinensischen Israelis", 18.11.2000, www.gretchenverlag.de
88 Yigal Bronner und Neve Gordon, „Beneath the Surface – Are Jerusalem digs designed to displace Palestinians?", http://chronicle.com/free/v54/i33/33b00101.htm

durch ein System von staatlichen Anreizen dazu gebracht, in auf beschlagnahmtem arabischem Land errichtete Neubauten zu ziehen. Sie erhalten dazu zinsgünstige Darlehen, Steuerleichterungen und Zuschüsse. Alles Leistungen, von denen arabisch-israelische Gemeinden ausgeschlossen sind.[89]

Obwohl der Oberste Gerichtshof im März 2000 nach fünfjährigem Prozess einer palästinensisch-arabischen Familie erstmals das Recht zuerkannte, in einer jüdischen Siedlung eine Wohnung zu kaufen, wurde dieses Urteil nicht umgesetzt.[90] Im Jahr 2007 mietete ein nicht-jüdisches Ehepaar in der jüdischen Gemeinde Moshav in Galiläa ein Haus an. Die Ehefrau war eine rumänische Christin, der Ehemann ein (arabischer) Druse. Sobald die Nachbarschaft wusste, dass der Ehemann Araber war, begannen Drohungen. Der Ehefrau wurde mitgeteilt, dass ihre Kinder nicht in den Kindergarten aufgenommen würden, dass sie den Schulbus nicht benutzen dürften, andere Nachbarn drohten damit, das Haus mitsamt den Kindern niederzubrennen. Als im August bereits der zweite Brandanschlag auf das Haus verübt wurde, sah sich der Hauseigentümer gezwungen, den Mietvertrag zu kündigen.[91] Der Gemeindevorsteher kommentierte: „Der Hauseigentümer lebt in Herzliya und will uns sagen, wer hier in unser Moshav einziehen darf."[92]

Erinnert sei daran, dass nur in Jerusalem, Haifa, in Tel Aviv-Jafo, Akko, Lod und Ramla Städte sowohl mit arabischer wie auch jüdischer Einwohnerschaft existieren. In Nazareth, Umm el-Fahm, Taiba, Schfar Am und Tira sowie

---

89 Jonathan Cook: „Democratic Racism (2)", www.jkcook.net/Articles2/0206.htm
90 Erklärung von Adalah für die 25. Sitzung des UN-Ausschusses für wirtschaftliche, soziale und kulturelle Rechte im April/Mai 2001, 23.4.2001
91 www.pajumontreal.org
92 Idan Avni: „Couple smoked out of moshav", www.ynetnews.com/articles/0,7340,L-3435054,00.html

in allen Dörfern leben die arabisch-palästinensischen Bürger von den jüdischen Israelis territorial getrennt.[93]

Ausnahmegesetzgebung und legale Diskriminierung: „Krieg gegen das palästinensische Volk"

Die Araber in Israel erhielten 1948 vom neuen israelischen Staat besondere Ausweise mit dem Vermerk „B".[94] Das militärische Besatzungsrecht der Briten, die „Defense (Emergency) Regulations" von 1945, das von den jüdischen Organisationen zuvor als faschistisch bezeichnet worden war, wurde nun auf die Palästinenser weiter angewandt.[95] Sie unterstanden damit einer Militärverwaltung.

Ein Militärbefehlshaber kann nach der Bestimmung 125 von ihm zu bestimmende Gebiete zu „verbotenen Zonen" (closed areas) erklären, die nicht betreten werden dürfen. Unter Berufung auf diese Bestimmung wurden Dutzende arabischer Dörfer eliminiert.[96]

Dabei beließ es der israelische Staat nicht. Die Siedlungsgebiete der Araber und ihre Wohngebiete wurden in Sicherheitszonen aufgeteilt; Freizügigkeit wurde nicht gewährt. Für einen Ortswechsel benötigten sie Passierscheine, Arbeit durfte nur am Wohnort gesucht werden (mit der Folge hoher Arbeitslosigkeit). Arabische Staatsbürger konnten jederzeit unter Polizeiaufsicht gestellt oder in Administrativhaft genommen werden; ihr Vermögen konnte beschlagnahmt und sie selbst deportiert werden.[97] Rechtsmittel gegen derartige

---

93 Vgl. Glasneck/Timm, a. a. O., S. 265
94 Maxime Rodinson: Israel and the Arabs, London 1969, S. 51
95 Geries in: Geries/Lobel: a. a. O., S. 97
96 Adalah Report, a. a. O.
97 Hans Klinghoffer: „Inwieweit entsprechen Verwaltungsrecht und richterliche Verwaltungskontrolle in Israel den Erfordernissen des Grundrechtsschutzes?", in: Cohn/Akzin/Klinghoffer/Bach/Glass, a. a. O., S. 35 ff,

Maßnahmen gab es bis 1979 nicht. Erst ab 1957 wurde diese Militärgesetzgebung wenigstens teilweise eingeschränkt: 1962 wurde die Passierscheinpraxis liberalisiert, 1963 die Bestimmungen über Sicherheitszonen. 1966 ging die administrative Zuständigkeit vom Militär auf die Polizei über. Doch die Ausnahmegesetzgebung blieb[98] bzw. kann jederzeit wieder in Kraft gesetzt werden. Akzin, ein jüdisch-israelischer Hochschullehrer, rechtfertigt dies mit einer gewissen Spannung zwischen den arabischen Israelis und dem jüdischen Staat aufgrund der Tatsache, dass diese de jure, aber nicht de facto gleiche Rechte besitzen.[99] Tatsächlich kann auch von einer juristischen Gleichstellung nicht die Rede sein.

1998 existierten 20 Gesetze, die die arabisch-palästinensischen Israelis diskriminieren, davon 17 offen. Der Gleichheitsgrundsatz, auf den sich Frauen und Behinderte berufen können, wird den Arabern verweigert. Der Staat ist ausdrücklich nur der Staat der Juden. Dementsprechend hat das Verfassungsgericht alle Klagen von Arabern abgewiesen, die ihre Diskriminierung als Araber geltend gemacht hatten. Das Verfassungsgericht lehnt es ab, seine Verhandlungen in arabischer Sprache zu führen.

Die Strafrechtspraxis zeigt, dass nicht-vorbestrafte Araber seltener freigesprochen und härter bestraft werden als Juden. In einem 2008 von Mossawa, dem vom Menschenrechtsprogramm der Europäischen Kommission und der UN-Stiftung für Demokratie unterstützten Förderzentrum für arabische Israelis, veröffentlichten Bericht, wird angeprangert, dass von jüdischen Bürgern an Arabern begangene Gewalttaten in aller Regel nicht umfassend aufgeklärt werden und es in den meisten Fällen nicht zu Anklagen gegen die Täter kommt. Umgekehrt würden Gewalttaten arabischer Bürger sofort

---

98 Hollstein, a. a. O., S. 162 ff.
99 Vgl. Akzin, a. a. O., S. 32 f.

verfolgt und es komme bisweilen sogar zu Kollektivstrafen, so wie im März 2008 im Dorf Jisr al-Zarqa.[100]

Das Staatsbürgerschaftsrecht, das allen Juden im Ausland die „Rückkehr" nach Israel ermöglicht und ihnen automatisch die israelische Staatsbürgerschaft zuerkennt, wird von der israelischen Regierung damit gerechtfertigt, dass es nicht diskriminierend sei, weil es lediglich die Einwanderung regele.[101] Hierbei wird neben der Tatsache, dass tatsächliche frühere arabisch-palästinensische Einwohner des Landes nicht zurückkehren dürfen, die Frage der Familienzusammenführung ausgeblendet.

Anders als Juden haben Bürger arabischer Nationalität kein Recht auf Familienzusammenführung. Um den Zuzug von Ehepartnern nach Israel zu erschweren, wurden schon vor einigen Jahren die Verwaltungsgebühren von 200 auf 600 $ angehoben (etwa 6 Wochenlöhne).[102] Das im Jahre 2008 von der Knesset verabschiedete neue Staatsbürgerschaftsgesetz schließt jetzt überhaupt aus, dass der Innenminister Bewohnern Judäas und Samarias (des sog. Westjordanlandes) für Israel Aufenthaltserlaubnisse erteilt, was natürlich nicht für Juden gilt, d. h. die Siedler in den 1967 besetzten Gebieten. Familienzusammenführungen sind auch dann grundsätzlich nicht mehr möglich, wenn der Ehemann jünger als 35 und die Ehefrau jünger als 25 Jahre sind. Damit wird das Recht arabisch-israelischer Staatsbürger eingeschränkt, sich Partner bzw. Partnerinnen ihrer Wahl aus Judäa und Samaria zu suchen, wenn diese Palästinenser sind.[103] Araber aus einem „Feindstaat", können überhaupt keine Aufenthalts-

---

100 Avirama Golan: „Study: Israeli Jews becoming increasingly racist toward Arabs", www.haaretz.com/hasen/spages/966014.html
101 Adalah Report, a. a. O.
102 Peter Beaumont, *Guardian*. 16.6.2002
103 Mather, a. a. O.

erlaubnis erhalten.[104] Einen Appell des UN-Ausschusses zur Beseitigung rassistischer Diskriminierung, dieses Gesetz sofort aufzuheben, weil es einem von Israel 1979 ratifizierten Menschenrechtsvertrag widerspricht, ließ die israelische Regierung unbeachtet.[105]

Im Anfang 2009 noch vor dem Obersten Gerichtshof Israels geführten Prozess, der von palästinensisch-israelischen Organisationen gegen dieses Gesetz angestrengt wurde, vertraten die Anwälte der Regierung Olmert die Auffassung, das Gesetz sei aus Sicherheitsgründen gerechtfertigt. In Wirklichkeit wurde das Gesetz eingeführt, um einen weiteren Zuzug von Palästinensern aus den nach 1967 besetzten Gebieten nach Israel zu verhindern. Die von der Regierung veröffentlichten Zahlen über diesen seit 1967 anhaltenden Zuzug sind unterschiedlich, je nachdem, welches Ministerium sie herausgibt. Die Rede ist sowohl von ca. 20.000 wie auch von 100.000 zugezogenen Familienangehörigen. Da auch die Geburtenrate der palästinensischen Staatsbürger Israels höher ist als die des jüdischen Bevölkerungsteils, fürchten die zionistischen Politiker die damit verbundene „demografische Gefahr". Vor dem Obersten Gericht ließ die israelische Regierung dementsprechend erklären:

„Der Staat Israel befindet sich im Krieg mit dem palästinensischen Volk, Volk gegen Volk, Gemeinschaft gegen Gemeinschaft."[106]

Das ist nicht weniger als das offene Eingeständnis einer politischen Ausbürgerung von 20 Prozent der israelischen Bevölkerung.

---

104 „In Israel, married but without rights". Report, http://electronicintifada.net/v2/article9739.shtml
105 Jonathan Cook: „A violation of the marriage vow and the civil rights of citizens", www.jkcook.net/Articles2/0146.htm
106 Zitiert nach Uri Avnery: „A Judicial Document", http://zope.gush-shalom.org/home/en/channels/avnery/1237674669

Soziale Diskriminierung

Bei der Infrastrukturentwicklung wird sogenannten nichtanerkannten arabischen Dörfern, die schon vor der Proklamation Israels existierten, aber nicht den staatlichen Planungszielen entsprechen, die Versorgung mit Wasser und Elektrizität verweigert. Es gibt dabei keine jüdischen „nicht-anerkannten" Siedlungen. Die nicht-anerkannten Dörfer sind hauptsächlich Beduinensiedlungen, die ihr Land gewohnheitsrechtlich nutzen. Diesen Siedlungen droht die Zerstörung, den Bewohnern die Zwangsumsiedlung.[107] Dies wird vom israelischen Staat, der die von den Beduinen seit Jahrhunderten traditionell genutzten Ländereien als Staatsland behandelt, nicht akzeptiert und das Staatsland zur landwirtschaftlichen Nutzung ausschließlich an Juden verpachtet.[108]

Watzal schreibt: „Nach der Gründung Israels erhielten jüdische Organisationen wie die Zionistische Weltorganisation (WZO) und die Jewish Agency einen besonderen Status innerhalb der Regierung. Sie wurden in die staatliche Struktur inkorporiert und dadurch wurde ihr begrenzter und ausschließlicher Auftrag automatisch Teil der Politik der Regierung. Sie befassen sich insbesondere mit Landbesitz und Landwirtschaft. Ihre Aktivitäten sind ausschließlich auf den [jüdisch-] israelischen Sektor beschränkt. Der Einfluss der Organisationen ist so groß, dass den Palästinensern die Gründung neuer Dörfer oder landwirtschaftlicher Siedlungen nicht gestattet wird."[109] Palästinenser dürfen das jüdisch-israelische Land nicht nutzen.

Die arabischen Bauern in Israel bearbeiteten 1973 noch etwa 10 % der landwirtschaftlichen Flächen. Ihnen wurde von der staatlichen Wasserverwaltung aber nur 1,8 % des Wassers

---

107 Watzal, a. a. O., S. 298
108 Vgl. Taut, a. a. O., S. 188; Joseph Algazy: „In Israel too", *Le Monde diplomatique*, September 1997
109 Watzal, a. a. O., S. 305

zugeteilt. Die Erzeugnisse der arabischen Bauern werden zu niedrigeren Preisen angekauft als die der jüdischen.

Generell wird arabischen Gemeinden die Ausweisung neuer Baugebiete unmöglich gemacht. Seit 1948 ist keine neue arabische Wohnsiedlung entstanden. Der Bau von neuen Wohnungen ist nur in jüdischen Siedlungen vorgesehen. Die arabischen Gemeinden sind finanziell unterversorgt. Die Pro-Kopf-Zuwendungen des Staates sind für jüdische Gemeinden siebenmal höher als für arabische Gemeinden.

In den meisten Gebieten Israels können arabische Israelis überhaupt kein Land erwerben.[110] Bis zum Jahre 2000 wurden 22.000 Bauanträge von arabisch-israelischen Staatsbürgern abgelehnt. Schwarzbauten arabischer Bauherren werden grundsätzlich abgerissen. Araber werden bei der Gewährung von Fördermitteln für den Erwerb von Wohneigentum und bei der Bewilligung von Wohngeld benachteiligt.[111]

Obwohl der Oberste Gerichtshof im März 2000 nach einem fünfjährigen Prozess einer palästinensisch-arabischen Familie erstmals das Recht zuerkannte, in einer jüdischen Siedlung eine Wohnung zu kaufen, wurde dieses Urteil nicht umgesetzt.[112] Erinnert sei daran, dass nur in Jerusalem, Haifa, in Tel Aviv-Jafo, Akko, Lod und Ramla Städte sowohl mit arabischer wie auch jüdischer Einwohnerschaft existieren. In Nazareth, Umm el-Fahm, Taiba, Schfar Am und Tira sowie in allen Dörfern leben die arabisch-palästinensischen Bürger von den jüdischen Israelis territorial getrennt.[113] Dem entspricht, dass nach einer Erhebung des Instituts für Israelische Demokratie 75 % der jüdischen Israelis nicht mit Arabern in einem Gebäude leben wollen; ebenso viele glauben, dass Araber zu Gewalttaten neigen; 56 % wollen Araber nicht einmal

---

110 Adalah Report, a. a. O.
111 Goldenberg, *The Guardian*, 6.10.2000.
112 Erklärung von Adalah, a. a. O.
113 Vgl. Glasneck/Timm, a. a. O., S. 265

in ihrer Gemeinde sehen und mehr als die Hälfte der israelischen Juden ist der Ansicht, dass auch Freizeitaktivitäten getrennt voneinander stattfinden sollten.[114]

1970 wurde schließlich von der Knesset ein Gesetz verabschiedet, das die Geburtenrate der jüdischen Bevölkerung, und zwar nur dieser, durch eine besondere materielle Förderung jüdischer Familien[115] steigern soll. Jetzt hat sich die Knesset im Rahmen der durch die Intifada erzwungenen Sparmaßnahmen einfallen lassen, für Familien, in denen kein Elternteil bei der Armee war oder ist, das Kindergeld um 24 % statt nur 4 % zu kürzen, wie für alle anderen. Dies trifft fast ausschließlich auf arabisch-palästinensische Familien zu, da die arabisch-palästinensischen Israelis nicht zum Militär eingezogen werden.[116] Die Angleichung des Kindergeldsatzes für jüdische und nicht-jüdische Eltern, die erst 1994 erfolgt war, wurde damit wieder beseitigt.

Von der Ableistung des Militärdienstes hängt auch ab, wie hoch Baudarlehen, wie hoch der Steuersatz und die Einschreibegebühren an der Universität sind. Die Förderung und Finanzierung beruflicher Weiterbildung ist für Gediente und Ungediente ebenfalls unterschiedlich geregelt. Bemerkenswert ist bei dieser Art von Diskriminierung, dass Absolventen von jüdisch-orthodoxen Schulen (Yeshiva), die jeden Wehrdienst für den zionistischen Staat ablehnen, trotzdem alle Vergünstigungen erhalten, die den ungedienten palästinensisch-arabischen Bürgern Israels vorenthalten werden.[117]

---

114 Ali Abunimah: „Anti-Arab racism and incitement in Israel", www.electronicintifada.net/v2/printer9428.shtml
115 Sabri Geries: „Recent Knesset Legislation and the Arabs in Israel", *Journal of Palestine Studies* (Beirut), No. 1, 1974
116 Hans Lebrecht: „Die Besetzung fordert einen hohen Preis", *Neues Deutschland*, 10./11.8.2002
117 Watzal, a. a. O., S. 307

Diskriminierung im Arbeitsleben

Die arabischen Israelis werden auch im Arbeitsleben diskriminiert. Die Bevorzugung jüdischer Einwanderer bei der Arbeitsplatzvergabe wurde nach der Staatsgründung zunächst durch die Kooperation von Arbeitsministerium und Militärverwaltung auf dem Weg über die bedarfsgerechte Nichterteilung von Passierscheinen für arabische Arbeitskräfte durchgesetzt.[118] Später gab es andere Mittel.

Die Arbeitslosenrate von Arabern betrug im Jahre 2000 14,5 %, die von Juden 9,5 %. Araber werden von vielen Arbeitsplätzen ausgeschlossen, weil sie nicht in der Armee gedient haben oder weil sie sich in bestimmten Gebieten nicht aufhalten dürfen. Dies auch dann, wenn keinerlei Zusammenhang zwischen Tätigkeit bzw. Arbeitgeber und Militär besteht.[119] Nur 5 % der Beschäftigten im Staatsdienst sind arabisch-palästinensischer Herkunft. Im höheren Staatsdienst ist der Anteil noch wesentlich geringer.[120] Jüdische Arbeiter verdienen 33,5 % mehr als arabische Arbeiter.[121] Dementsprechend lag das Durchschnittseinkommen arabischer Haushalte 1992 bei 60 % des Niveaus vergleichbarer jüdischer Familien.[122] Im Oktober 2000 lebten nur 16 % der jüdischen Einwohner unter der Armutsgrenze, jedoch 50 % der Nichtjuden.[123]

Kulturelle Unterdrückung

Nach einer Studie von Human Rights Watch aus dem Jahre 2001 werden palästinensische Kinder in Israel systematisch

---

118 Hollstein, a. a. O., S. 166
119 Erklärung von Adalah, a. a. O.
120 Wollin, a. a. O.
121 Goldenberg, a. a. O.
122 Glasneck/Timm, a. a. O., S. 266
123 Abunimah, a. a. O.l

benachteiligt.[124] Das beginnt mit der Separation der Kinder in zwei voneinander getrennte Schulsysteme.

Die Schulen in arabischen Gemeinden werden dabei materiell erheblich schlechter ausgestattet als in jüdischen Gemeinden. Jedes dritte Kind ist palästinensisch-arabischer Nationalität, dennoch werden für die arabischen Schulen nur sieben Prozent des Bildungsbudgets ausgegeben.[125] Für die arabischen Israelis gibt es größere Klassen, weniger Lehrer, zu wenig und schlechtere Schulgebäude und eine deutlich schlechtere Ausstattung mit Lernmitteln.[126] Besonders benachteiligt sind arabische behinderte Kinder.

Besonders dramatisch ist die Lage im von Israel nach dem Sechstagekrieg von 1967 annektierten sogenannten Ostjerusalem. Weil dort für arabische Kinder 1.300 Klassenzimmer fehlen, wurden Tausende palästinensische Kinder überhaupt nicht in Schulen eingeschult. Regierungspläne, von 2000 bis 2007 645 Klassenräume zu bauen, wurden nicht verwirklicht. Nur 100 Schulräume wurden neu errichtet. 39.400 von 70.000 palästinensischen Kindern wurden 2007 an Privatschulen, in UN-Schulen oder außerhalb der Stadt unterrichtet. Zwei Drittel der in Ostjerusalem unterrichteten Kinder werden in angemieteten privaten Räumen unterrichtet.[127]

Es gibt kein arabisches Curriculum, sondern nur einen jüdisch-israelischen Lehrplan. Die vorgenannte Studie hält fest: „Der Geheimdienst Shin Bet bestimmte nicht nur über die Ernennung von Schulleitern und die Einstellung von Lehrern

---

124 Human Rights Watch: Second Class: Discrimination against Palestinian Arab Children in Israel's Schools, New York, London, Brüssel 2001 sowie www.hrw.org/sites/default/files/related_material/JILPfinal.pdf
125 Jonathan Cook: „Democratic Racism", www.jkcook.net/Articles2/0204.htm
126 Human Rights Watch: „Israel: Budget Discriminates Against Arab Citizens", www.hrw.org/en/news/2004/08/11/israel-budget-discriminates-against-arab-citizens?prin
127 Dafna Golan: „Na'ima is threatening the Jewish majority", www.haaretz.com/hasen/spages/909323.html

an arabischen Schulen, sondern sogar über die Beschäftigung von Hausmeistern und Reinigungspersonal." Selbst Diskussionen über die palästinensische Geschichte oder Identität gelten dem Geheimdienst als zu untersuchende, verbotene „politische" Aktivität. Weiter heißt es: „Das Curriculum, das arabischen Kindern gelehrt wird, unterscheidet sich von dem, das jüdischen Kindern beigebracht wird. Das gilt auch dort, wo es für Unterschiede anscheinend keine Rechtfertigung gibt. So wird beispielsweise die Weltliteratur an arabischen Schulen nicht gelehrt. Autoren wie Shakespeare, Tschechow oder Molière werden nicht behandelt. Mahmud Ghanayim, der Dekan der Fakultät für arabische Sprache und Literatur an der Universität von Tel Aviv, fürchtet, dass der Ausschluss von Weltliteratur ‚Teil des Versuchs der Regierung ist, den Typus eines arabischen Studenten zu schaffen, der der Welt nicht offen gegenübersteht'. Diesem Versäumnis wird nicht etwa durch die Vermittlung großer arabischer Literatur abgeholfen. Das seit 1981 unveränderte Curriculum schließt die berühmtesten palästinensischen Dichter aus, Mahmoud Darwish, Rashid Hussein und Samih Al-Qassem, ebenso auch palästinensische Schriftsteller wie Ghassan Kanafani. Das einzige jüdische Mitglied der Komitees von 1981, das die Literaturliste auswählte, verhinderte, dass in sie irgendeine Arbeit aufgenommen wurde, die zu „Misshelligkeiten führen" könnte. Paradoxerweise ist Darwish enthalten – auch, wenn er nur selten gelehrt wird – aber nur im Curriculum für jüdische Schulen.

Das Geschichtscurriculum für arabische Kinder wurde 1982 von einer jüdisch dominierten Kommission festgelegt. Die palästinensische Geschichte wird in ihm kaum berührt. Eine revidierte Probeedition, die den palästinensischen Erfahrungen einen größeren Raum einräumt, wurde 1999 herausgegeben, wird aber an den Schulen kaum benutzt. Laut Said Barghouti, dem früheren pädagogischen Leiter für Geschichte und Staatsbürgerkunde im arabischen Sektor, hat das Bildungsministerium die hierfür notwendigen Lehrbücher niemals veröffentlicht."

Die Gesamtbilanz fällt katastrophal aus: 80 % der Schüler sind ohne Abschluss und nur 5,7 % der Studenten Araber.[128] Eine arabische Universität gibt es nicht. Von den arabischen Absolventen höherer Schulen üben 10 % ungelernte Tätigkeiten aus.

Es werden vom Staat nur jüdisch-hebräische, keine arabischen kulturellen Einrichtungen gefördert.[129] Damit nicht genug.

Verbot arabischer Buchimporte

Die israelische Regierung versucht auch, Importe arabischsprachiger Bücher zu unterbinden. Dies geht aus einer Ende Januar 2009 beim Obersten Gerichtshof Israels eingereichten Klage des „Zentrums zur Verteidigung arabischer Minderheitsrechte", Adalah, hervor. Mit der Klage soll durchgesetzt werden, dass Kull Shay, seit mehr als 30 Jahren der größte Vertrieb arabischsprachiger Bücher in Israel, die Erlaubnis erhält, in Syrien und dem Libanon verlegte Bücher zu importieren. Seit August 2008 verbietet der Regierungszensor unter Berufung auf ein Gesetz der britischen Mandatsmacht aus dem Jahre 1939 den Import von Büchern aus den „Feindstaaten" Libanon und Syrien. Das betrifft 80 % der in Israel verkauften arabischsprachigen Literatur, einschließlich der Übersetzungen von Harry Potter, Pinocchio, Shakespeare, Gabriel Garcia Márquez und sogar israelischer Autoren wie Amos Oz, Yoram Kaniuk oder Eshkol Nevo.[130]

---

128 „Second Class. Discrimination Against Palestinian Arab Children in Israel's Schools", a. a. O.
129 Adalah Report, a. a. O.; Goldenberg, a. a. O.; Wollin, a. a. O.
130 Vgl. Seth Galinsky: „The fight for democracy and secularism in Israel", www.themilitant.com/2009/7307/730750.html

Zerstörung von moslemischen Heiligtümern und Kulturstätten

Die israelische Unabhängigkeitserklärung von 1948 verspricht die Bewahrung der heiligen Stätten aller Religionsgemeinschaften. Dennoch wurden im Staate Israel die meisten Moscheen, Friedhöfe etc. entweder zerstört, abgesperrt oder zweckentfremdet und entweiht.[131]

Ende Oktober 2008 entschied das Oberste Gericht Israels nach einem vier Jahre lang geführten Rechtsstreit, dass auf dem Gelände des nahe der Jerusalemer Altstadt gelegenen historischen muslimischen Mamilla-Friedhofes in Jerusalem der Neubau eines jüdischen Museums errichtet werden darf. Auf dem Friedhof sollen sich sterbliche Überreste von Gefährten des Propheten Mohammed befinden und es wurden während des Baues tatsächlich Dutzende von Gebeinen ohne Rücksichtnahme durch israelische Archäologen entfernt. Rabbi Marvin Hier, der Initiator des Museumsbaus, sah in der Gerichtsentscheidung einen Sieg der israelischen Souveränität gegen Versuche der Landnahme von mit der Hamas in Verbindung stehenden islamischen Fundamentalisten. Dem vom Simon-Wiesenthal-Zentrum in Los Angeles finanzierten „Bau des Museums für Toleranz" steht nun nichts mehr im Wege. Der Friedhof war 1948 dem staatlich-israelischen Verwalter für das Land von „Abwesenden" (palästinensischen Eigentümern) unterstellt und danach an eine vom israelischen Staat geschaffene islamische Treuhandgesellschaft übergeben worden. Die Bauherren beriefen sich darauf, dass der Friedhof von dieser Treuhand 1964 offiziell entweiht worden war. 1992 wurde das Gelände der Stadt Jerusalem übertragen. Diese „Treuhänder" haben jedoch zu keinem Zeitpunkt die Interessen der Palästinenser vertreten. Als im Jahre 2007 in Jaffa eine Unterschriftenaktion stattfand mit dem Ziel, die Verwaltung des islamischen Eigentums den wirk-

131 Cook: „Democratic Racism (2)", a. a. O.

lichen Repräsentanten der islamischen Gemeinden in Jaffa zu übertragen, wurde dies abgelehnt. Die Regierung weigerte sich offenzulegen, welche Besitztümer durch die Treuhänder in Jaffa verwaltet werden. Zur Begründung führte sie aus, diese Informationen könnten den außenpolitischen Interessen Israels schaden. Viele der heiligen muslimischen Stätten verkommen also weiter und sind nicht einmal für arabische Staatsbürger Israels zugänglich. Andere dieser Stätten werden als Discos, Nachtclubs, Restaurants oder Supermärkte genutzt. Teile des Mamilla-Friedhofs wurden zu einem Parkplatz, die Grabstätten schon in den sechziger Jahren zerstört. Bemerkenswert ist, dass der israelische Staat nach der Eroberung Ostjerusalems 1967 gleichzeitig den historischen jüdischen Friedhof auf dem Olivenberg sorgfältig restaurieren und sogar erweitern ließ.[132]

Politische Diskriminierung

Israel rühmt sich selbst stets seiner parlamentarischen Demokratie. Hierzulande wird dies erstaunlicherweise immer noch selten hinterfragt.

Dabei werden Einschränkungen der demokratischen Freiheiten von hohen israelischen Juristen gar nicht verschwiegen, sondern mit dem offiziell seit 1948 bestehenden Kriegszustand gerechtfertigt. Man könne Israel, so heißt es, nur mit dem Niveau kriegführender bürgerlicher Demokratien vergleichen.[133] Nimmt man diese Argumentation für bare Münze, bleibt auch hier nur der Schluss, dass der israelische Staat einen unerklärten Krieg gegen seine eigenen palästinensisch-arabischen Staatsbürger führt.

---

132 Jonathan Cook: „Travesty of tolerance on exhibit", The National, 5.11.2008,
133 So z. B. Akzin, a. a. O., S. 21 ff.

Das Leben in den arabisch-palästinensischen Gemeinden ist jedoch von ständigen staatlichen Interventionen und Gängeleien gekennzeichnet. Die arabischen Abteilungen in den Ministerien werden nicht von Arabern, sondern von Juden geleitet. Sabri Geries schrieb 1970: „Es gibt keinen einzigen Fall, bei dem die Initiative für irgendeine soziale Aktivität von Seiten der arabischen Bevölkerung nicht auf Versuche gestoßen wäre, die Initiatoren zu ‚leiten' oder zu ‚beraten', ihre Aktivitäten unter die Aufsicht der arabischen Abteilung der Histadruth oder der Mapai zu stellen."[134] Dieses System hat bis in die jüngere Vergangenheit seinen Zweck erfüllt, die arabisch-palästinensische Bevölkerung Israels ruhig zu halten.[135]

Die israelischen Araber haben das aktive Wahlrecht. Doch die arabische Minderheit verfügt nur in eingeschränktem Maße über politische Rechte. Bis in die achtziger Jahre durften sie keine eigenen politischen Parteien gründen, sondern die arabische Minderheit wurde von den arabischen Abteilungen jüdisch-israelischer Organisationen verwaltet.[136] Die Wahlplattformen arabischer Parteien dürfen nicht infrage stellen, dass Israel der Staat des jüdischen Volkes ist; sie dürfen bei Strafe der Nichtzulassung zur Wahl nicht behaupten, Israel sei nicht demokratisch und sie dürfen nicht die Forderung aufstellen, das Staatsbürgerschaftsrecht und das Rückkehrgesetz zu ändern.[137] Es besteht in Israel nach wie vor eine Militärzensur.[138]

Die arabischen Vertreter in der Knesset hatten und haben keine wirkliche politische Macht. Für sie gilt die Meinungsfreiheit nicht. In „Silencing Dissent", einem 2002 in Nazareth von der dortigen Menschenrechtsorganisation

---

134 Sabri Geries in: Geries/Lobel, a. a. O., S. 180
135 Martin Woollacott, *Guardian*, 4.10.2000
136 Suzanne Goldenberg, *Guardian*, 23.3.2002
137 Anton Shammas: „Palestinians in Israel: You Ain't Seen Nothing Yet", www.umich.edu; Akzin, a. a. O., S. 25
138 Akzin, a. a. O., S. 26

veröffentlichten Report, werden wiederholte physische Angriffe von Sicherheitsbeamten auf neun arabische Abgeordnete aufgeführt. Sieben von ihnen mussten innerhalb von 2 Jahren nach solchen Angriffen in Krankenhäusern behandelt werden.[139] Suzanne Goldenberg schreibt, dass von 2000 bis 2002 von der Polizei 22 Ermittlungsverfahren gegen die zehn arabischen Parlamentsmitglieder Israels eingeleitet worden sind, in denen ihnen die Unterstützung der Intifada oder die Beleidigung von Polizeibeamten vorgeworfen wurde.

Nur in einem Fall, im Falle des Abgeordneten Azmi Bishara kam es zu einer Anklage und zur Aufhebung der parlamentarischen Immunität. Diese Praxis zeigt, dass die politischen Rechte der arabisch-palästinensischen Israelis noch immer begrenzt sind.

Bishara, ein Philosophieprofessor, der in Berlin an der Humboldt-Universität studiert hat, wird vorgeworfen, die Guerillas der libanesischen Hisbollah politisch unterstützt und so Gewalt gegen den Staat gefördert zu haben. Ihm droht eine Gefängnisstrafe von einem Jahr. Gegen ihn liefen weitere Ermittlungen, weil er trotz des offiziellen Kriegszustandes mit Syrien Gruppenreisen nach Syrien organisiert hatte, um Familientreffen zu ermöglichen. Auf einer dieser Reisen hatte er bei einer Kundgebung neben Führern radikaler Palästinenserorganisationen gesprochen und dabei den libanesischen Widerstand gegen die frühere israelische Besatzung heroisch genannt – ohne die Hisbollah zu erwähnen. Hierauf bezog sich die Anklage.

Bishara wich nicht zurück. Er ist der Ansicht, dass seine Strafverfolgung darauf abzielte, seinen Einsatz für ein demokratisches und säkulares Israel zu treffen, das der Staat aller seiner Staatsbürger sein sollte. Bishara fordert deshalb das Rückkehrrecht auch für Palästinenser und die Aufhebung je-

---

139 Jonathan Cook: „The Shin Beth and the Persecution of Azni Bishara. Defending Israel from Democracy", *Counterpunch*, 5.6.2007

der Diskriminierung. Er ist der Meinung, dass er das Recht hat, Opposition gegen die expansive Außenpolitik Israels zu betreiben. In der Knesset wird das von der israelischen Rechten anders gesehen. So hat das israelische Parlament inzwischen ein Gesetz verabschiedet, das seinen Mitgliedern Reisen in Feindstaaten untersagt.[140]

Inzwischen behauptete der israelische Geheimdienst Shin Beth, dass sich Bishara des Hochverrats schuldig gemacht habe. Er behauptet, über geheime Beweismittel zu verfügen, wonach er der libanesischen Hisbollah während des letzten Libanonkrieges militärische Daten zu Angriffszielen in Nordisrael geliefert haben soll und dass er der Hisbollah bei ihrer psychologischen Kriegsführung geholfen habe. Außerdem wirft der Geheimdienst Bishara Geldwäsche für terroristische Organisationen vor. Ähnliche Anschuldigungen gegen andere politische Führer der arabisch-palästinensischen Minderheit in Israel wurden auch schon früher erhoben, erwiesen sich in der Vergangenheit jedoch stets als substanzlos. Der im Jahre 2000 scheidende Chef des Geheimdienstes, Ami Ayalon, hatte schon damals deutlich gemacht, worum es ging: „Bishara erkennt das Recht des jüdischen Volkes auf einen Staat nicht an, und er hat damit die Grenze überschritten. Dem Generalstaatsanwalt wurde daher die Entscheidung vorgelegt, ihn (von der Wahl) auszuschließen." Folgerichtig entschied die zentrale Wahlkommission, Bishara mit seiner Partei, der Nationalen Demokratischen Allianz (NDA) von der Wahl 2003 auszuschließen. Sie begründete dies so: „Wir sind der Ansicht, dass die Teilnahme der NDA an der Knesset die von dieser Partei ausgehende Gefahr erhöht hat. Das wird durch die ideologischen Fortschritte belegt, die sie von den Rändern der arabischen Gesellschaft ausgehend (von einem begrenzten Kreis von Intellektuellen, die sich mit solchen Fragen befassten) in deren Mitte gemacht hat. Die Idee

---
140 Goldenberg, a. a. O.

eines Staates aller Bürger hat heute einen sichtbaren Effekt auf den Inhalt des politischen Diskurses und auf die öffentliche Agenda des arabischen Sektors". Die Wahlteilnahme Bisharas wurde damals durch eine knappe Mehrheitsentscheidung des Obersten Gerichts ermöglicht.[141]

In der Folgezeit nahmen die Besorgnisse der zionistischen Elite Israels wegen der wachsenden Bestrebungen der arabischen Minderheit zu, eine rechtliche Gleichstellung zu verlangen. Der Geheimdienst sieht in solchen Bestrebungen eine „subversive Tätigkeit" von Elementen, die den jüdischen Charakter Israels infrage stellen, und gegen die sich Israel schützen müsse, schrieb 2007 der Chef des Geheimdienstes, Yuval Diskin, in einer Antwort auf die Anfrage einer arabischen Wochenzeitung. In einem Begleitbrief teilte der Generalstaatsanwalt mit, dass dies eine mit ihm abgestimmte Position sei. Israel Hasson, ein ehemaliger leitender Geheimdienstler und danach rechtsgerichtetes Parlamentsmitglied formulierte es noch unverblümter. Er bezeichnete Israels Kampf gegen seine palästinensischen Bürger als einen „zweiten Unabhängigkeitskrieg".[142]

Vor der Parlamentswahl im Januar 2009 fasste die dafür zuständige Parlamentskommission mit 26:3 Stimmen den Beschluss, die arabische Partei Balad und das arabische Parteienbündnis Vereinigte Arabische Liste von der Wahlteilnahme im Februar auszuschließen. Diese Parteien hatten sich gegen den Gazakrieg gestellt. Die Begründung lautete, die zwei zur Wahl angetretenen arabischen Parteienbündnisse Israels würden zum Widerstand aufreizen und den Terrorismus unterstützen.[143] Der Parlamentspräsident erklärte,

---

141 Vgl. Jonathan Cook, a. a. O.
142 Ebenda
143 Meldung der Nachrichtenagentur Associated Press, 12.1.2009, 10:33

diese Parteien erkennten das Existenzrecht Israels nicht an.[144] Initiiert hatte den Ausschluss der ultrarechte Avigdor Liebermann, der inzwischen unter Netanjahu Außenminister Israels wurde. In der Kommission sind alle großen Parteien der Knesset vertreten. Das vorgebliche Verbrechen dieser Parteien besteht darin, dass Balad z. B. die völlige rechtliche Gleichstellung aller Staatsbürger Israels fordert, unabhängig von der nationalen oder religiösen Identität. In der Debatte hatte der Balad-Abgeordnete Jamal Zahaika Lieberman gefragt, wieso er sich so sehr vor der Demokratie fürchte.[145] In einem Eilverfahren hob der Oberste Gerichtshof Israels die Entscheidung der Parlamentkommission auf und ließ die Parteien zur Wahl zu.

Offener Rassismus und antiarabische Pogrome: „Tod den Arabern"

1956 verhängte die israelische Grenzpolizei als Teil der Aufmarschpläne für den israelischen Angriffskrieg gegen Ägypten (den sog. Suez-Krieg) in den Grenzgebieten zum Westjordanland beim arabischen Dorf Kafr Qassem ein Ausgangsverbot. Dessen Einwohner wussten davon nichts. Gleichzeitig wurden die Zugangswege zum Dorf auf drei Seiten abgeriegelt. Nur die Grenze zum Westjordanland, das damals zu Jordanien gehörte, blieb offen und unbewacht. Die Polizeitruppe erhielt, wie von Polizeizeugen 2008 in Interviews mit der Zeitung Haaretz bestätigt, vorab den ausdrücklichen Befehl, auf Zivilisten zu schießen, die das Ausgangsverbot missachteten. Auf von der Arbeit heimkehrende Dorfbewohner wurde dann das Feuer eröffnet. 47 Menschen, darunter viele Frauen und

---

144 „Israel bans Arab parties from running in upcoming elections", http://haaretz.com/hasen/spages/1054867.html

145 http://news.antiwar.com/2009/01/12/israel-bans-arab-parties-from-elections

Kinder, starben. Einige andere überlebten schwer verwundet. Der israelische Historiker Tom Segev stellte später fest, dass das Massaker Teil eines Plans war, die 1948 in den Grenzen Israels verbliebenen Palästinenser während des Krieges gegen Ägypten zu vertreiben.

Jonathan Cook berichtet, dass die damalige Regierung unter David Ben Gurion uneins war, wie sie reagieren sollte. Erst nach zwei Monaten sei Ben Gurion an die Öffentlichkeit gegangen und habe angekündigt, dass es gegen die Kommandeure einen Prozess geben sollte. Die an dem Massaker beteiligten Polizisten habe er vorab für unschuldig erklärt. Sie erhielten dann nach Presseberichten eine Gehaltserhöhung um 50 Cent. Im Gerichtssaal seien sie als Helden gefeiert worden. Der den Einsatz befehligende Offizier, Oberst Shadmi, wurde wegen seiner administrativen Fehlentscheidung zu einer Geldsstrafe von einem Cent verurteilt. Die an dem Massaker beteiligten Polizisten wurden zwar zu längeren Haftstrafen verurteilt, mussten diese aber nicht verbüßen, weil sie nach sehr kurzer Zeit begnadigt wurden. Einige machten Karriere. Demgegenüber wurden Überlebende dieses Massakers immer wieder juristisch verfolgt und inhaftiert, weil sie bis heute jährlich der Opfer des Massakers gedachten. Auf einer Gedenktafel dürfen die Dorfbewohner nur von einer Tragödie sprechen, nicht von einem Massaker. Der israelische Präsident Shimon Peres drückte im Dezember 2007 erstmals sein Bedauern über das „schwerwiegende Ereignis, das wir sehr bedauern" aus…[146]

Jede Generation der palästinensisch-arabischen Minderheit wird durch neue Massaker daran erinnert, das arabische Leben in Israel nicht viel gelten. 1976 und im Jahr 2000 er-

---

146 Jonathan Cook: „Message of Massacre Lives on for Palestinians – The Executions at Kafr Qassem", www.jkcook.net/Articles2/0344.htm#Top

eigneten sich neue Massaker. Alle blieben für die Täter folgenlos.¹⁴⁷

Nachdem im März 2000 ein Palästinenser, der anscheinend den Tod von Dutzenden getöteter Palästinenser im Gazastreifen rächen wollte, acht israelische Studenten erschoss, kam es im Wohnviertel des Attentäters, in Mercaz HaRav zu einem tagelang organisiert vorbereiteten Pogrom. Unter dem Schlachtruf „Tod den Arabern" tobte ein Mob von Hunderten von jüdischen Israelis durch das arabische Wohnviertel, sie schlugen Fenster ein, zerstörten Autos etc. Die Polizei griff nicht ein. In den Tagen hatten mehrere Rabbis zu Racheaktionen aufgerufen. Andere Rabbis, so Dov Lior Chaim Kanievsky, riefen dazu auf, keine Araber mehr zu beschäftigen.¹⁴⁸

Am 4. August 2005 besteigt der neunzehnjährige Soldat Eden Natan Zada in Galiläa in Haifa einen Bus nach der arabischen Stadt Shafa'amr. Wenige Wochen zuvor war er aus Protest gegen die Räumung des Gazastreifens durch die Regierung Sharon desertiert.¹⁴⁹ In Shafa'amr angekommen, richtet er sein Gewehr auf den Kopf des Fahrers und gibt mit der M 16 eine ganze Salve ab. Danach richtet er die Waffe nacheinander auf den hinter dem Fahrer sitzenden Passagier und zwei junge Frauen, die am Gang sitzen und verschießt den Rest seines Magazins. Danach lädt er seine Waffe mit einem neuen Magazin, nähert sich einer Frau, die sich zwischen den Sitzen versteckt halten wollte, zielt auf ihren Kopf und drückt ab. Anschließend schießt er den Rest des Magazins im Bus wahllos leer. 12 weitere Menschen werden verwundet. Alle Opfer sind palästinensische bzw. arabische Israelis. Als er ein drittes Magazin laden will, greift eine verletzte junge Frau nach der Waffe. Andere Passagiere und Pas-

---

147 Cook: „Democratic Racism", a. a. O.
148 Abunimah, a. a. O.
149 Peter Lagerquist und Jonathan Cook: „Crime and Punishment on Israel's Demographic Frontier", *Middle East Report*, Winter 2005, Nr. 237

santen eilen ihr zu Hilfe. Der Amokläufer wird von ihnen erschlagen. Als die Fernsehberichterstattung eine Stunde später fragmentarisch beginnt, heißt es zunächst nur, dass ein drusischer Soldat auf Buspassagiere geschossen habe. Nach zweieinhalb Stunden berichtet Channel 2 über einen „Konflikt zwischen den Passagieren und einem Soldaten", der in den Konflikt verwickelt wurde; unter den Opfern seien einige Nicht-Juden.[150] In einem anderen Programm wird zunächst die Leiche des Amok laufenden Soldaten gezeigt – mit der Einblendung „Gott segne seine Seele". Die Regierung Sharon verurteilt dann den „terroristischen Anschlag". Mehr geschieht nicht. Der rechtsextreme Hintergrund des Täters, er gehörte der verbotenen rassistischen Vereinigung Kach an, wurde nicht aufgeklärt. Für die Ermittler steht a priori fest, dass er Einzeltäter war. – Nach zehn Monaten polizeilicher Ermittlungen werden sieben palästinensische Männer festgenommen. Ein Polizeisprecher spricht von einem kaltblütigen Mord – am Soldaten. Für die Angehörigen der Mordopfer interessieren sich die jüdisch-israelischen Medien nicht. Eine Entschädigungszahlung, wie sie die Angehörigen jüdisch-israelischer Opfer nach palästinensischen Anschlägen erhalten, wird den arabischen Opferangehörigen in Shafa'amr verweigert. Der zuständige ministerielle Ausschuss entschied, dass der Angriff von Zada kein terroristischer Vorfall gewesen sei, weil Zada sich im aktiven Militärdienst befunden habe.[151]

Jahrzehnte nach dem Massaker von Kafr Qassem können sich die palästinensischen Staatsbürger Israels ihres Lebens immer noch nicht sicher sein. Während des Yom-Kippur-Fests 2008 kam es in der alten palästinensischen Hafenstadt Accra, die inzwischen zu einer Art Vorort der rein jüdischen Stadt Tel Aviv geworden ist, zu einem antiarabischen Pog-

---

150 Ebenda
151 Jonathan Cook: „For Arabs Only: Israeli Law and Order", *Counterpunch*, 14.6.2006

rom. Ein fanatischer jüdisch-israelischer Mob tobte und randalierte unter dem Schlachtruf „Tod den Arabern" durch Accra. Anlass zu dem Aufruhr soll ein palästinensischer Autofahrer gegeben haben, der an diesem jüdischen Feiertag vorgeblich rauchend und mit laut gestelltem Radio Auto fuhr. Israelische Spitzenpolitiker machten für das Pogrom die palästinensisch-arabischen Israelis verantwortlich. Premierminister Ehud Olmert tönte, die arabischen Bürger hätten die „demokratischen Normen" zu beachten. Die Außenministerin Tzipi Livni forderte, jeder müsse diesen Feiertag respektieren. Der Likudpolitiker Yuval Steinitz verstieg sich dazu, von einem Pogrom gegen Accras Juden zu sprechen. Der örtlichen Oberrabbi verglich die arabischen Einwohner Accras mit Nazis. Der palästinensische Autofahrer wurde von der Polizei festgenommen und zwei Tage festgehalten, weil er religiöse Gefühle verletzt habe. Unterdessen organisieren jüdisch-israelische Einwohner Accras einen Kaufboykott gegen arabische Geschäfte und der Bürgermeister sagte in diesem Zusammenhang das jedes Jahr in Accra stattfindende Theaterfestival ab – das den arabischen Altstadtgeschäften sonst Umsätze bescherte.[152]

Israel nach dem Sechstagekrieg 1967
– der zionistische Staat kennt keine Grenzen
Wie oben bereits erwähnt, weigert sich Israel seit seiner Gründung, seine eigenen, völkerrechtlich verbindlichen Grenzen zu definieren. Ein Umstand, der die Forderung der Freunde und Verbündeten Israels in Westeuropa und Nordamerika, die Palästinenser möchten Israel „ohne Wenn und Aber" anzuerkennen, in ein bizarres Licht hüllt, weil dabei

---

[152] Jonathan Cook: „„Death to the Arabs!' The Accra Riots", *Counterpunch*, 16.10.2008

nicht klar ist, welche territoriale Gebietskörperschaft denn die Palästinenser eigentlich anerkennen sollen.

Tatsächlich haben die das politische Leben Israels dominierenden politischen Strömungen des Zionismus den Traum von Großisrael niemals aufgegeben. Die palästinensisch-israelische Organisation Abna El Balad bilanzierte 2004: „1967 vervollständigte Israel seinen aggressiven Plan, dehnte seine Herrschaft über ganz Palästina aus, zerstörte noch mehr palästinensische Dörfer und vertrieb zusätzlich Hunderttausende von Palästinensern. 1967 besetzte Israel auch die syrischen Golanhöhen und wies 200.000 seiner Einwohner von dort aus. (…) Aber ethnische Säuberungen wurden nicht nur durch Kriege und Besatzungen durchgeführt. Seit den Tagen seiner Gründung 1948 hat Israel systematisch Anstrengungen unternommen, jene Araber zu enteignen, die diese Naqba (‚Katastrophe') überlebt hatten. Es hat niemals aufgehört, deren Land zu beschlagnahmen, ihre Häuser zu zerstören, um darauf noch mehr jüdische Siedlungen zu errichten, oder das Leben für sie so unerträglich zu machen, dass sie ihr Land verließen. In den 1967 besetzten Gebieten, dem Westjordanland und dem Gazastreifen, hörten die aggressive Enteignungskampagne und der Bau jüdischer Siedlungen auf palästinensischem Land sogar nicht einmal während der Friedensverhandlungen mit den Palästinensern auf. Diese fortdauernde ethnische Säuberung erreicht jetzt mit dem Bau der Hunderte von Kilometern langen Trennmauer auf dem Gebiet des Westjordanlandes einen neuen Höhepunkt. Die Palästinenser werden in Enklaven voneinander isoliert, Hunderttausende wurden von ihrem Land, ihren Arbeitsplätzen, Krankenhäusern, Schulen, Familien und Geschäften zur Deckung ihres täglichen Bedarfs abgeschnitten."

Wie rechtfertigt die israelische Besatzungsmacht ihr Vorgehen? Der Bericht fährt fort: „(…) Unter dem Vorwand, dass das Gebiet nicht besetzt sei, sondern ‚umstritten' verweigern die israelischen Besatzer, einschließlich aller zionistischen Gerichte, den Einwohnern der besetzten Gebiete selbst die minimalen Rechte, die das Völkerrecht in solchen Fällen vorsieht. Während Palästinenser einem harten Militärregime unterworfen sind, genießen jüdische Siedler in demselben Gebiet volle israelische Bürgerrechte. Bei ihren anhaltenden Anstrengungen, sich noch mehr arabisches Land anzueignen, stehen sie sogar über jedem Gesetz."[153]

Schlimmer als südafrikanische Apartheid:
Das Besatzungsregime in den seit 1967 besetzten Gebieten (Westjordanland und Gazastreifen)

Die territoriale Expansionspolitik im Gazastreifen und im Westjordanland birgt für den Zionismus allerdings strategische Probleme. Anders als 1948 gelang es den israelischen Truppen nicht, eine Massenflucht der Palästinenser zu erzeugen. Der bekennende zionistische Schriftsteller Meir Shalev: „Wir haben einen Bissen geschluckt, an dem wir ersticken werden."[154] Gemeint ist das, was zionistische Politiker gern eine „demografische Zeitbombe" nennen, nämlich die Majorisierung der jüdischen Kolonialsiedlergesellschaft durch die arabische Bevölkerung im von Israel militärisch beherrschten Gebiet zwischen dem Jordan und dem Mittelmeer, die aus ihrer Sicht den „jüdischen Charakter" Israels gefährdet. „Nach übereinstimmenden Vorhersagen der Demografen wird die Bevölkerung innerhalb ‚Großisraels' schon bald mehrheitlich arabisch sein."[155] Für einen Staat, der sich laut seiner Verfassung als ‚jüdisch und demokratisch' versteht, ist

---

153 Abna El Balad, a. a. O.
154 „Warum Israel von der Landkarte verschwinden könnte?" Interview mit Meir Shalev, http://spiegel.de/politik/ausland/0,1518,503349,00.html
155 Dominique Vidal: „Heiliger Scharon", *Le Monde diplomatique*, Februar 2006

das ein schreckliches Dilemma. Wenn er auf seinen demokratischen Charakter setzt, verliert er seine jüdische Identität; will er diese bewahren, kann er nicht demokratisch sein. Als Ausweg aus dieser Zwickmühle gibt es nur zwei Möglichkeiten: Entweder findet er sich mit einem eigenständigen palästinensischen Staat an seiner Seite ab, oder er muss die Palästinenser massenhaft ausweisen." Shalev kommentiert: „Sie [die Besatzung] bedroht die Existenz Israels als jüdischer Staat. Aus Angst vor den höheren Geburtenraten der Palästinenser haben wir schon jetzt eine Art Apartheid, die stärker und stärker werden wird."[156]

Die oft beschworene Grundaufgabe der zionistischen Politik, den sowohl jüdischen wie auch demokratischen Charakter Israels aufrechterhalten zu wollen, ist tatsächlich eine Fiktion. Ein Kolonialsiedlerregime mit weitgehend voneinander getrennten Siedlungsgebieten für verschiedene Bevölkerungsgruppen, unterschiedlichen Rechten und systematischer Diskriminierung ist nicht demokratisch und kann es nicht sein, weil der Gleichheitsgrundsatz, der Eckpfeiler jeder politischen Demokratie, nicht gilt. Die Eroberungen von 1967 haben das Problem nur zugespitzt.

Das bedeutet jedoch nicht, dass auf diesem Terrain alle Katzen grau wären und Unterschiede keine Rolle mehr spielten. Sind schon die arabisch-palästinensischen Israelis einer umfassenden und systematischen Diskriminierung unterworfen, so gilt dies für die Palästinenser des seit 1967 besetzten Westjordanlandes und des Gazastreifens noch viel mehr.

Obwohl die israelische Politik ganz eindeutig auf die territoriale Eroberung dieser Gebiete insgesamt zielte, verhinderten die demografischen Gegebenheiten eine kurz- oder mittelfristige De-jure-Annexion. Den Palästinensern der 1967 besetzten Gebiete wurden keinerlei staatsbürgerliche

---

156 Shalev, a. a. O.

Rechte zuerkannt. Im Gegenteil. Ihnen wurden, um den Vertreibungsdruck zu erhöhen, nicht einmal die Rechte zuerkannt, die ihnen nach der Vierten Genfer Konvention unter einem Besatzungsregime zustehen. Auf territorialem Gebiet wurden jüdisch-israelische Siedlungsblöcke und -Korridore geschaffen, die einerseits die Annexion des Jordanufers und der fruchtbaren und wasserreichen landwirtschaftlichen Flächen durch Israel vorbereiten und andererseits zur Schaffung von vier voneinander territorial getrennten palästinensischen Enklaven im Westjordanland führen werden.

John Dugard, der UN-Sonderberichterstatter zur Situation der Menschenrechte in den von Israel seit 1967 besetzten palästinensischen Gebieten, stellte in seinem Bericht vom 21.1.2008 fest, dass das israelische Vorgehen in jeder Hinsicht dem Völkerrecht widerspräche. Siedlungstätigkeit durch eine Besatzungsmacht ist nach Artikel 49 der Vierten Genfer Konvention verboten, wie auch der Internationale Gerichtshof in Den Haag 2001 festgestellt hat. Die Resolution der Generalversammlung der Vereinten Nationen Nr. 1514 (XV) hat eine derartige Siedlungstätigkeit als völkerrechtswidrigen Kolonialismus bezeichnet. Trotz zwischenzeitlicher Friedensgespräche habe die völkerrechtswidrige Siedlungstätigkeit nicht einmal während dieser Gespräche nachgelassen.[157] Der bisher einzige „Rückzieher" in dieser Hinsicht war die Räumung von Siedlungen mit 8.000 Siedlern im Gazastreifen. Dort hatte die Besiedlungsstrategie keinerlei Chance, jemals die demografischen Mehrheitsverhältnisse umzukehren. Gleichwohl wurde die Drangsalierung des Gazastreifens durch die Besatzungsmacht auch nach diesem taktischen Rückzug durch Scharon und seine Nachfolger aufrechterhalten. Die Drangsa-

---

157 Der Palästina-Israel-Konflikt, Bericht des Sonderberichterstatters John Dugard über die Menschenrechtsituation in den seit 1967 besetzten palästinensischen Gebieten, www.mapc-web.de/archive/pal/Dok.html

lierung der Bevölkerung unter dem Besatzungsregime macht vor nichts halt. Willkürliche Militäraktionen, Tötungen, Verhaftungen etc. sind an der Tagesordnung. Es wird geschätzt, dass seit 1967 über 700.000 Palästinenser verhaftet wurden. Etwa 11.000 Palästinenser befinden sich in Haft, die meisten ohne Urteile, darunter auch Kinder und zahlreiche Abgeordnete. Viele Häftlinge werden gefoltert.[158]

Allein im Westjordanland wurden im November bei 786 Kommandoaktionen des israelischen Militärs ein Mensch getötet, 67 Menschen verletzt und 398 festgenommen. Privates und öffentliches Eigentum wie Olivenhaine, Wohnhäuser etc. wird willkürlich zerstört, meist unter dem Vorwand von Sicherheitsbedürfnissen, Kollektivstrafen oder wegen fehlender Baugenehmigungen. Das israelische Komitee gegen Hauszerstörungen gibt an, dass seit 1967 18.000 palästinensische Gebäude abgerissen worden seien.

Das Westjordanland und Ostjerusalem wurden bis Ende 2007 mit 149 Siedlungen kolonisiert. 40 % der dafür genutzten Ländereien sind palästinensisches Privateigentum. Während des sogenannten Friedensprozesses, seit 1993, erhöhte sich die Zahl der Siedler um 63 % auf 460.000. 88 Siedlungen werden erweitert (Stand Januar 2008). Hinzu kommen 105 Außenposten, d. h. Ansätze zu nicht von der israelischen Regierung offiziell genehmigten Siedlungen, die aber, entgegen einer Verpflichtung zur Räumung von 51 nach 2001 errichteten Außenposten gleichwohl von der Regierung finanziell unterstützt werden. Hinzu kommt, dass die israelische Besatzungsmacht die Siedlungen untereinander und mit dem israelischen Machtbereich von vor 1967 durch ein eigenes, völlig getrenntes und nur für Israelis und Siedler zu-

---

158 Vgl. Stephen Lendman: „From the ‚Frog' to the ‚Banana" Position, Torturing Palestinian Prisoners", http://dzarkhan.wordpress.com/2007/11/15/torturing-palestinian-detainees-by-stephen-lendman/

gängliches Straßennetz miteinander verbunden hat. Dieses Straßennetz darf von Palästinensern nicht genutzt werden. Nicht einmal das Südafrika der Apartheid kannte eine solche Trennung der Verkehrssysteme.[159]

Hinzu kommt, dass die Bewegungsfreiheit der Palästinenser durch zahlreiche Ausgangsverbote, 561 Straßensperren, 80 ständige Checkpoints, durch willkürliche Schikanen von Soldaten etc. beeinträchtigt wird, was katastrophale Auswirkungen auf das persönliche und auf das Wirtschaftsleben der Palästinenser hat. Palästinenser brauchen innerhalb des Westjordanlandes und für Fahrten nach Ostjerusalem Genehmigungen. An den Kontrollstellen sind Kranke, Schwangere und medizinische Notfälle ohne jeden sachlichen Grund aufgehalten und ihrem Schicksal überlassen worden.

Es gibt dabei ganz verschiedene Kategorien von Genehmigungen, Beschränkungen und Regularien, die häufig und ohne jede Vorankündigung verändert werden.[160] Damit wird das System völlig unberechenbar. Auch dies verstößt gegen das Völkerrecht und kann nach dem Bericht des UN-Sonderberichterstatters John Dugard nicht durch Sicherheitsbedürfnisse erklärt werden, weil diese Straßensperren nicht der Sicherung der israelischen Grenzen von 1967 dienen.

Die seit Jahren mitten auf dem Gebiet des Westjordanlandes errichtete und noch im Bau befindliche Trennmauer, der von Israel sogenannte „Sicherheitszaun", krönt dieses Besatzungs- und Annexionsregime. Palästinensische Bauern werden durch sie daran gehindert, ihr Land zu bestellen, andere daran, ihre Arbeitsplätze, ihre Schulen und Ärzte zu erreichen. Viele verlieren jede Möglichkeit für eine ärztliche Notfallversorgung. Nur 18 % derjenigen, die diese vorgeb-

---

159 John Dugard, a. a. O.
160 Die Lage von Arbeitern in den besetzten Territorien, Bericht des Generaldirektors der ILO Juan Somavia auf der 97. Sitzung der International Labour Conference, 2008

liche Sicherheitsgrenze vor dem Mauerbau überschreiten mussten, erhalten Sondererlaubnisse, das Sperrgebiet zu betreten.[161]

Die schleichende Annexion des Westjordanlandes und das menschen- und völkerrechtswidrige Besatzungsregime haben in den besetzten Gebieten zu einer Lähmung und Zerstörung des Wirtschaftslebens geführt, mit einem extremen sozialen Niedergang. Dieser Niedergang wird noch dadurch verstärkt, dass immer weniger palästinensische Arbeitskräfte in Israel oder den Siedlungen beschäftigt werden. Ihren Platz nehmen Gastarbeiter aus Rumänien, China oder den Philippinen ein. In einem Leitartikel der israelischen Zeitung Ha'aretz wird geschlussfolgert: „Die De-facto-Trennung gleicht wegen ihrer Dauerhaftigkeit heute viel mehr politischer Apartheid als einem Besatzungsregime. Eine Seite – bestimmt nach nationalen, nicht geografischen Kriterien – besteht aus Leuten, die wählen können, Freizügigkeit genießen und eine wachsende Wirtschaft. Auf der anderen Seite sind Leute, die von festen Mauern um ihre Gemeinden eingeschlossen sind, die kein Wahlrecht besitzen, sich nicht frei bewegen können und keine Chance haben, über ihre Zukunft zu bestimmen. Der ökonomische Graben wird immer breiter und die Palästinenser schauen wehmütig zu, wie Israel Arbeiter aus China und Rumänien importiert. Die Furcht vor terroristischen Angriffen hat dazu geführt, dass palästinensische Arbeiter unerwünscht sind."[162]

Nach einem Bericht der Internationalen Arbeitsorganisation (ILO) hat nur einer von drei arbeitsfähigen Palästinensern einen Erwerbsarbeitsplatz; Teilzeitbeschäftigte, d. h. solche, die in der Woche vor der Erhebung wenigstens eine Stunde Lohnarbeit leisteten, sind dabei schon als Arbeitende

---

161 John Dugard, a. a. O.
162 „Where is the Occupation?", www.haaretz.com/hasen/pages/ShArt.jhtml?itemNo=909327&contrassID=2&subContrassID=4

gezählt. Die Jugendarbeitslosigkeit grassiert. Frauen werden aus dem Erwerbsleben verdrängt. Viele Betriebe mussten geschlossen werden, andere können ihre Kapazitäten nicht auslasten. Die Behinderung von Transporten unterminiert die Konkurrenzfähigkeit palästinensischer Betriebe. Die Löhne der Arbeitenden reichen nicht mehr zum Leben. Von 1999 bis 2007 ist das Pro-Kopf-Einkommen um 27 % gesunken. Das tägliche Durchschnittseinkommen der Palästinenser in den besetzten Gebieten ist 19 mal niedriger als in Israel. Selbst Erwerbsarbeit führt nicht notwendig aus absoluter Armut. 50 Prozent der Bevölkerung sind auf Nahrungsmittelhilfen angewiesen, dabei in Gaza ca. 80 % und im Westjordanland 33 %. Etwa 1,3 Millionen Menschen gelten als arm, 820.000 davon leben in tiefer Armut und können ihre einfachsten Grundbedürfnisse nicht befriedigen.[163]

Der langjährige südafrikanische Anti-Aparteidsaktivist vom ANC und Exminister Ronnie Kasrils hält die Lage in den seit 1967 besetzten Gebieten für schlimmer als unter der südafrikanischen Apartheid: „Ich möchte offen und ohne jede Übertreibung sagen, dass jeder Südafrikaner, ob er nun am Freiheitskampf beteiligt war oder durch ein Gespür für grundlegende menschliche Würde motiviert war, und der die besetzten palästinensischen Gebiete besucht, bis in seinen innersten Kern schockiert ist über die Lage, die er vorfindet. Und Erzbischof Tutus Kommentar zustimmen wird, dass das, was die Palästineser durchmachen, weit schlimmer ist als das, was in Südafrika geschehen ist." Und: „Als ich Yasser Arafat 2004 als Teil einer südafrikanischen Delegation in seinem fast völlig zerstörten Hauptquartier in Ramallah besuchte, wies er auf die Umgebung und sagte: ‚Seht, das ist nichts als ein Bantustan.' ‚Nein', antworteten wir und

---

163 UNRWA-Report: „Prolonged Crisis in the Occupied Palestinian Territory: Recent Socio-Economic Impacts", www.un.org/unrwa/publications/pubs07/RecentScEcImpacts.pdf

wiesen daraufhin, dass kein Bantustan, tatsächlich nicht einmal unsere Townships, jemals von Flugzeugen bombardiert oder von Panzern zerschossen worden waren. Arafat saß mit geweiteten Augen da, als wir ausführten, dass das Pretoria der Apartheid Gelder in die Bantustans gepumpt hatte, beeindruckende Verwaltungsgebäude errichten ließ, den Bantustans sogar Bantustan-Fluggesellschaften erlaubte, um deren Micky-Maus-Hauptstädte zu bedienen. Das alles, um der Welt weiszumachen, dass sie es mit der sogenannten ‚getrennten Entwicklung' ernst meinten."[164]

Aussichten:
Gibt es einen diplomatischen Weg zum Frieden?
Die Existenz des Staates Israel als jüdischer Staat, und das hieß bereits für den Gründungsvater der zionistischen Bewegung, Theodor Herzl, Staat der Juden, wirft notwendig sowohl logisch als auch historisch und politisch die Frage nach der Existenz der arabisch-palästinensischen Minderheit in Israel auf. Diejenigen, die glauben, sie könnten der Frage nach einer Parteinahme durch die Befürwortung einer Zwei-Staaten-Lösung entgehen, täuschen sich. Die Schaffung zweier Staaten schafft das Problem der Existenz einer unterdrückten nationalen Minderheit nicht aus der Welt. „Der Palästinakonflikt", schreibt Diner, „kann nämlich den Charakter eines Territorialkonfliktes ebenso annehmen wie denjenigen einer Auseinandersetzung um vorenthaltene Menschenrechte."[165] Diner ist hier nicht präzise genug. Es gibt hier kein entwe-

---

164 Ronnie Kasrils: „Who said nearly 50 years ago that Israel was an apartheid state?", http://world.mediamonitors.net/content/view/full/60684/
165 Dan Diner: Der Krieg der Erinnerungen und die Ordnung der Welt, Berlin 1991, S. 113

der/oder, sondern nur ein sowohl als auch. Und das ist bereits seit Langem Gegenwart.

Ehud Olmert, bis Januar 2009 israelischer Ministerpräsident, warnte im Jahre 2007, dass sich Israel einer „demografischen Bedrohung" gegenübersehe. Es gebe 5,7 Millionen Juden in Israel und den jüdischen Siedlungen im Westjordanland, 1,4 Millionen arabische Bürger Israels und die Statistiker Israels und der Palästinenser hätten im Westjordanland und im Gazastreifen etwa 3,8 Millionen Palästinenser gezählt. Der israelische Demograf Sergio Della Pergola sagt voraus, dass im Jahre 2025 der jüdische Bevölkerungsanteil im Gebiet zwischen Jordan und Mittelmeer nur noch 46 % betragen könnte. Im November 2007 spekulierte er gegenüber Reportern, dass die Befreiung Israels von den besetzten Gebieten Israel in die Lage versetzen würde, in seinem Herrschaftsbereich eine sichere jüdische Mehrheit abzusichern. Nur so könne Israel seinen jüdischen Charakter sichern und gleichzeitig demokratisch bleiben. „Wenn die Zweistaatenlösung eines Tages kollabieren sollte und wir wie in Südafrika mit einem Kampf für gleiches Wahlrecht konfrontiert sein werden, ist Israel verloren", sagte er.[166]

Die Rechtszionisten sehen seit Langem mit großer Sorge auf die demografische Entwicklung. Die recht kleine Minderheit der 1948 im Land verbliebenen palästinensischen Araber wuchs und wächst im Vergleich mit den Geburtenraten jüdischer Israelis stürmisch. Gegen Ende des Jahrzehnts wird sie voraussichtlich schon 25 % der Bevölkerung umfassen, bei gleichzeitiger Überalterung des jüdischen Staatsvolks. In Israel einschließlich der besetzten Gebiete werden Juden schon in 10 Jahren in der Minderheit sein.[167] Ohne die massive Einwanderung aus der ehemaligen Sowjetunion und

---

166 Zitiert nach Richard Boudreaux und Ashraf Khalil, *Los Angeles Times*, 8.5.2008

167 Jörg Bremer: „Sie müssten uns schon wegtragen", *FAZ*, 18.7.2002

Osteuropa seit den achtziger Jahren sähe die demografische Lage aus zionistischer Sicht noch wesentlich schlechter aus. Bezieht man die 1967 besetzten Gebiete mit ein, wird sofort klar, weshalb die israelische Politik nach 1967 zunächst darauf verzichtet hat, das Westjordanland und den Gazastreifen zu annektieren, obwohl diese (aber nicht nur diese) seit je her insgesamt zu dem Erez Israel (Großisrael) gehören, das die zionistische Bewegung beansprucht hat. Die Zielsetzung wurde aber von maßgeblichen Kräften der Führungseliten Israels zu keinem Zeitpunkt aufgegeben.

Das hat eine praktische Konsequenz. Die israelische Politik muss um jeden Preis einen offiziellen Friedensschluss verhindern, denn dieser wäre mit der Festlegung von territorialen Grenzen verbunden. Die Sabotage jeder von den Freunden Israels in der Staatenwelt, den USA, den EU-Mächten und ihren engsten Verbündeten, unter dem Druck ihrer jeweiligen medialen Öffentlichkeit in Gang gebrachten Friedensinitiativen gehört dazu. Es kommt auch nicht von ungefähr, dass die neue Regierung Netanjahu bereits kurz nach ihrer Etablierung der Schaffung eines palästinensischen Staates eine Absage erteilte. Die maßgebenden zionistischen Politiker arbeiten mit langem Atem…

Jede israelische Regierung seit 1967 hat die kolonialistische Siedlungstätigkeit rechtszionistischer Kräfte zumindest toleriert, militärisch abgesichert und durch die Schaffung einer strategisch orientierten Infrastruktur nach bewährten zionistischen Mustern unterstützt. Dies nicht zuletzt in den neunziger Jahren – trotz Oslo. Die Schaffung eines Rasters von Straßen, Militärstützpunkten und die massive Förderung von Siedlungen zerstörte, wie wir gesehen haben, zugleich die sozioökonomischen Lebensadern der Palästinenser in den besetzten Gebieten und erhöhte, bis jetzt allerdings noch wenig erfolgreich, den Vertreibungsdruck auf die Palästinenser.

Die sich durch die zweite Intifada zuspitzende Lage verschaffte den rechtszionistischen Kräften Gehör, die einen „Transfer", d. h. die Vertreibung der Palästinenser aus Palästina fordern. Scharon war in den achtziger Jahren einer der wenigen Politiker, die die sog. Transferlösung des Palästinenserproblems wiederholt in der Diskussion hielten, u. a. mit der These, dass es schon einen Palästinenserstaat gebe, nämlich Transjordanien und mit Warnungen, die Palästinenser sollten die Lektion von 1948 nicht vergessen.[168] Später hielt er sich aus diplomatischen Gründen zurück. Seine Minister Effi Eytam und Benny Eyalon dagegen nicht.[169] Effi Eytam tönte im September 2006: „Die überwältigende Mehrheit der Araber des Westjordanlandes muss deportiert werden. [...] Wir werden uns außerdem entschließen müssen, die israelischen Araber aus dem politischen System zu verbannen. [...] Wir haben eine fünfte Kolonne entstehen lassen, eine Gruppe von Verrätern erster Sorte."[170]

Hinzu kommt, dass der Transfer ins Zentrum der Debatte der politischen Klasse Israels gerückt ist.[171] Die Zustimmung zu einem „Transfer" wuchs in der jüdisch-israelischen Bevölkerung vom Jahr 2000 bis 2002 von 8 auf 44 %.[172] Inzwischen dürfte die Zustimmung noch weiter gewachsen sein.

Tanya Reinhart berichtete, dass im März 2002 eine Konferenz mit 300 Teilnehmern aus Personen des israelischen öffentlichen Lebens, darunter zahlreiche Militärs, stattfand, die sich mit dem „Transfer" befasste. In deren Denkschrift an den

---

168 Tanya Reinhart: „'The Second half of 1948' – the Sharon-Ya'alon plan", 21.6.2001, www.mediamonitors.net/tanya8.html
169 Hans Lebrecht: „Scharon stützt Bush hundertprozentig", *Neues Deutschland*, 10.9.2002
170 Zitiert nach Jonathan Cook: „We, The Jewish State", www.jkcook.net/Articles2/0296.htm#Top
171 Tanya Reinhart: „Israel: the military in charge?", www.opendemocracy.net/conflict-middle_east_politics/article_230.jsp
172 Martin van Creveld: „Sharon's plan is to drive Palestinians across the Jordan", 26.4.2002, www.telegraph.co.uk/core/Content

Präsidenten Israels heißt es: „Für die Wiederansiedlung der palästinensischen Bevölkerung der Gebiete wird man einen Platz außerhalb des Staates Israel finden müssen (vielleicht östlich des Jordan)." Bezüglich der israelischen Palästinenser heißt es, diese müssten ihre Staatsbürgerschaft verlieren und sollten „der palästinensischen Souveränität unterstellt" werden. Zugleich wird gefordert, staatliche Ressourcen für eine „Qualitätsverbesserung" zu verwenden, d. h. in eine Stärkung des Staatsvolkes zu investieren und nicht in die „nichtzionistische Bevölkerung". Zu dieser zählen die Autoren „Araber, ultraorthodoxe Juden und ausländische Arbeiter", deren natürliche Vermehrung „Anlass zur Sorge bietet".[173]

Tzipi Livni, unter Olmert Außenministerin und jetzt in Opposition zur Koalition der israelischen Mitte-Rechts-Regierung unter Netanjahu stehend, machte in Bezug auf eine mögliche Zweistaatenlösung 2008 Folgendes geltend: „Es sollte jedem klar sein, dass der israelische Staat die nationale Heimstatt des jüdischen Volkes ist." Sie fügte hinzu, dass ein künftiger palästinensischer Staat für alle auf der Welt lebenden Palästinenser, einschließlich derjenigen, die gegenwärtig in Israel leben, das Heimatland sein müsste. Und weiter: „In dem Augenblick, in dem der palästinensische Staat etabliert wird, sollte es ein Ende mit nationalen Forderungen der Palästinenser haben."[174] Diese Stellungnahme, die vor allem eine Absage an das Rückkehrrecht für die palästinensischen Flüchtlinge ist, wurde von arabisch-palästinensischen Israelis zugleich als Ankündigung ihrer ethnischen Säuberung für

---

173 Zitiert bei Tanya Reinhart, a. a. O.; Friedrich Schreiber, zeitweilig deutscher Fernsehkorrespondent in Israel, berichtet in seinem Buch „Shalom Israel: Nachrichten aus einem friedlosen Land", Berlin 1999, S. 435 f., dass die Zahl ausländischer Arbeiter, die nach Beginn der Intifada palästinensische Arbeitskräfte aus den besetzten Gebieten ersetzt haben, auf etwa 250.000 geschätzt wird.
174 Adam Morrow und Khaled Moussa al-Omrani: „Alarm Bells Sound Over ‚Jewish State'", www.ipsnews.net/print.asp?idnews=40957

den Fall eines „Friedensschlusses" nach dem Willen der zionistischen Bewegung gehalten, mithin als inhaltliche Absage an einen Friedensschluss.

Die Palästinenser werden keinem Friedensvertrag zustimmen können, der die Anerkennung einer aggressiven, gegen ihre Überlebensinteressen gerichteten Ideologie beinhaltet und sie der staatlichen Willkür eines rassistischen Kolonialsiedlerregimes aussetzt. Das schließt eine auf diplomatischem Wege herbeigeführte Zweistaatenlösung, d. h. die Schaffung eines palästinensischen neben einem israelischen Staat mit „jüdischem Charakter" aus. Ein Staat, der seine Bürger nicht gleichem Recht unterwirft, der Bevölkerungsgruppen rassistisch diskriminiert, wird von der palästinensischen Bevölkerung nicht anerkannt werden. Um einen wirklichen Friedensschluss zu erreichen, bedarf es in Israel einer egalitären, demokratischen Revolution.[175] Es müsste ein säkularer Staat geschaffen werden. Anders ist Frieden in Israel/Palästina nicht zu haben.

Eine andere Frage ist, wer in Israel Träger einer solchen Revolution sein könnte? Der israelischen Gesellschaft fehlt es heute an einer Kraft, die ein aktuell abrufbares soziales Interesse an einer solchen demokratischen und antikolonialistischen Revolution hat. Die arabisch-palästinensische Minderheit Israels ist in jeder Hinsicht marginalisiert. Es fehlt ihr an sozialem Gewicht. Viele Beobachter halten es sogar für möglich, dass praktische Schritte zu einer vereinbarten Zwei-Staaten-Lösung, d. h. die Räumung von Siedlungsaußenposten und isolierten Siedlungen, in Israel zu einem Bürgerkrieg zwischen fanatischen Siedlern und dem Regierungszionismus führen könnten.

---

175 Vgl. Oren Ben-Dor: „Thus Spoke Equality, Why Israel Has No ‚Right to Exist' as a Jewish State", www.counterpunch.org/bendor11202007.html

Beispielhaft formulierte Moshe Zuckermann diese durch den Zionismus selbst herbeigeführte strukturelle Friedensunfähigkeit der jüdisch-israelischen Gesellschaft:: „…betrifft dies die politische Bewegungslosigkeit, in die sich Israel durch seine Okkupationspolitik manövriert hat: Beschließt es die konsequente Durchsetzung eines finalen Friedensplans, mithin den Rückzug aus den besetzten Gebieten, riskiert es eine politische Erosion im Land, deren Folgen unabsehbar sind, eine Erosion, bei der radikale Aufstandspraktiken gegen die Staatsräson durch israelische Ultras gewiss sind. Schlimmeres steht zu erwarten. Unterlässt Israel aber diesen dringlicher denn je gewordenen Rückzug aus den palästinensischen Territorien und beschließt somit indirekt die fortgesetzte Beherrschung der Palästinenser, lässt es, wohl eher nolens als volens, objektiv eine binationale Struktur entstehen. Es gibt, so besehen, in der Tat einen Preis für den Frieden. Der besteht allerdings nicht in der Aufgabe der Gebiete – diese sind für das Selbstverständnis der allermeisten Israelis durchaus entbehrlich: Man vermeidet gemeinhin die Bewegung in ihnen, wenn man nicht dem Siedlungswerk angehört oder den Militärdienst in ihnen verrichtet. Der Preis bzw. das Risiko eines mit der Räumung der Gebiete einhergehenden Friedensschlusses (und ohne diese Räumung ist kein Frieden vorstellbar) bestünde eher in der bedrohlichen Spaltung in der Gesellschaft, die er zwangsläufig hervorrufen würde. Man darf nicht vergessen: Die politische Links-Rechts-Pluralität hat in Israel kaum soziale, geschweige denn klassenbestimmte Inhalte; sie nahezu ausschließlich auf die Gesinnungsfrage der Bereitschaft, die Gebiete zu räumen oder nicht, ausgerichtet. Ein Rückzug aus den besetzten Gebieten dürfte alle die israelische Gesellschaft durchwirkenden manifesten wie latenten Risse aufschlagen."[176]

---

[176] Moshe Zuckermann: „Innere Scheidelinien. Israel heute – Facetten gesellschaftlicher Realität", *junge welt*, 14.5.2008

Zuckermann übersieht bei seinen Überlegungen, dass die Kolonialsiedler in den besetzten Gebieten nicht nur durch eine beliebige Ideologie getrieben werden, sondern durch die Gewährung handfester Privilegien, wie billige Häuser, Erwerbsarbeitsmöglichkeiten und staatliche Vergünstigungen. Verbrämt mit einem rassistischen Weltbild und der Vorstellung, dass sie Gottes Willen vollstrecken, handelt es sich bei diesen Kolonialsiedlern um eine zu nahezu allem entschlossene Minderheit, die ihre einmal erreichte Position nötigenfalls gewaltsam verteidigen wird.

Wichtig ist nicht zuletzt auch, dass die Führer aller großen israelischen Parteien ideologisch derselben, rechtszionistischen Tradition entstammen.[177] Die maßgebenden zionistischen Politiker Israels dürften wissen, dass die Aussicht auf weitere Einwanderung nach Israel ebenso wie die Verhinderung weiterer jüdischer Auswanderung aus Israel nur durch die Sicherung eines Lebensstandards für die jüdische Bevölkerung Israels möglich sein wird, der dauerhaft deutlich über dem der arabischen Welt liegt. Auch wenn sich in den letzten Jahrzehnten der egalitäre Schein der jüdisch-israelischen Gesellschaft der Anfangsjahre verflüchtigt hat und sich die Einkommensschere zwischen oberen und unteren Einkommen extrem geöffnet hat, bleiben die innerhalb der jüdisch-israelischen Gesellschaft diskriminierten Sephardim, die immigrierten arabischen Juden, immer noch enorm privilegiert gegenüber nichtjüdischen Arabern. Ähnliches gilt für die russischen Einwanderer aus der ehemaligen Sowjetunion in Bezug auf die soziale Lage Russlands. Solange dies so bleibt, bleiben diese Immigrantengruppen Stützen der extremen Rechten Israels. Der politische Aufstieg der zionistischen Rechten seit den siebziger Jahren des 20. Jahrhunderts

---

177 Vgl. Lenni Brenner: „The Colonialist And Fascist Past Of Israel's Three Biggest Parties", 13.3.2009, http://cosmos.ucc.ie/cs1064/jabowen/IPSC/articles/article0106218.html

ist eng mit der kolonialen Expansion verbunden: „Indem er [Menachim Begin] versprach, die West Bank nie aufzugeben, stellte er den orientalischen Juden nicht nur die Sicherheit und die Verwirklichung eines nationalen Traums in Aussicht, sondern versprach ihnen gleichzeitig den sozialen Aufstieg. Nicht die orientalischen Juden, sondern die Palästinenser in den besetzten Gebieten standen am Fuß der sozialen Leiter, und solange die Besetzung anhielt, würden die Orientalen nicht auf den niedrigsten Status absinken."[178]

Die israelische Politik hat aber auch Probleme mit dem bisherigen Kurs der kolonialen Expansion. Die Besatzung und die Kolonisation sind teuer. Trotz der eingeräumten Sonderkonditionen für Israel im Handel mit der Europäischen Union, trotz der alljährlichen Zuflüsse von Milliarden von Dollars aus den USA geraten die Staatsfinanzen Israels mehr und mehr in Schieflage. Ausbleibende Spenden vor allem von jüdischen Organisationen in den angelsächsischen Ländern zwingen den israelischen Staat zu drastischen Sparmaßnahmen, die zur sozialen Polarisierung führen. Das muss die kolonialistische Rechte radikalisieren und verengt den sozialen und politischen Spielraum der israelischen Führung.

Nicht zu übersehen ist zudem, dass die expansive Siedlungs- und Eroberungspolitik Israels der Zwei-Staaten-Lösung in immer größerem Maße den Boden entzieht. Ein palästinensischer Staat, der lediglich aus Enklaven im zionistischen Kolonialsiedlergebiet besteht, der seiner fruchtbarsten landwirtschaftlichen Böden und Wasserressourcen beraubt wäre, der von Almosen der NATO-Staaten abhängig wäre und von Israel militärisch und ökonomisch jederzeit auf Ration gesetzt werden könnte, könnte keine innere Stabilität entwickeln. Er bliebe eine Art von Bantustan-Verwaltung des Imperialismus. Das schließt einen kurzfristig erreich-

---

178 Segev, a. a. O.

baren Frieden aus, was wiederum mit enormen Gefahren für die Palästinenser verbunden ist.

Die israelische Linguistin Tanya Reinhart hatte schon 2002 zu Recht betont, dass an die Umsetzung einer solchen Art von Vertreibungspolitik nur gedacht werden kann unter dem Schirm eines großen regionalen Krieges. Und sie verweist in diesem Zusammenhang darauf, dass eine Reihe israelischer Generäle seit längerer Zeit die These vertritt, dass es in der Region ein Terrordreieck gäbe, bestehend aus dem Irak, dem Iran und Syrien.[179] Der israelische Militärhistoriker Martin van Creveld warnte vor Jahren dementsprechend davor, dass die israelische Führung einen US-Krieg gegen den Irak dazu ausnutzen könnte, zwei Millionen Palästinenser aus den besetzten Gebieten zu vertreiben. Er verwies darauf, dass die überlegene israelische Militärmaschinerie in einem solchen Falle schnell vollendete Tatsachen schaffen könnte und in einem solchen Fall nur mit einem 8-Tage-Krieg rechnete. Er meinte, es sei fraglich, ob die USA ihrem Verbündeten in den Arm fielen.[180] Eine solche Vertreibungsaktion wäre aber auch im Schatten eines anderen Krieges möglich, z. B. eines Krieges gegen den Iran.

Heute kann niemand vorhersagen, ob der rechte Flügel der zionistischen Bewegung seine Ziele, die die traditionellen Ziele des Zionismus sind, durchsetzen kann oder ob es irgendeine Zwei-Staaten-Lösung geben wird, die der Imperialismus dann als „historische" Friedenslösung feiern wird. Sicher ist nur, dass jede dieser denkbaren „Lösungen" mit neuen staatlichen Verbrechen gegen die Palästinenser verbunden wäre und dass im Falle einer Zwei-Staaten-Lösung neue Unterdrückungsmaßnahmen gegen die arabisch-palästinensischen Staatsbürger Israels drohen – bis hin zum Entzug der Staatsbürgerschaft und zur Vertreibung aus Israel.

---

179 Tanya Reinhart, a. a. O.
180 Van Creveld, a. a. O.

Derartige Lösungen wären deshalb nur Scheinlösungen. Sie schüfen keinen Frieden, sondern der Konflikt würde nur in neuen Formen ausgetragen.

Wer dies nicht will, muss der kolonialen Expansion Israels entgegentreten, d. h. das Existenzrecht Israels als nach innen und außen aggressiven, rassistischen und undemokratischen Kolonialsiedlerstaat infrage stellen. Frieden kann es in Palästina letztlich nur geben, wenn es einen auf politischem und sozialem Gebiet egalitären, säkularen Staat aller seiner Bürger gibt. Diejenigen Palästinenserinnen und Palästinenser, die diesen Kampf führen, sind zu unterstützen. Die zentrale Lehre aus dem Holocaust besteht nicht darin, die reaktionärste politische Strömung im Judentum und den von ihr geschaffenen rassistischen Kolonialsiedlerstaat kritiklos zu unterstützen. Sie bedeutet, sich dem Kampf gegen jede Form der politischen und sozialen Unterdrückung gegen die Vertreibung und Vernichtung von Völkern zu widmen.

Die Palästinenser in den seit 1967 besetzten Gebieten, die Flüchtlinge von 1947/48 und die arabisch-palästinensischen Israelis brauchen im Kampf für ihre politische Gleichstellung allerdings Unterstützung. An dieser mangelt es ihnen. Die arabischen Regimes, insbesondere die, die in Europa merkwürdigerweise als gemäßigt gelten, wie die Polizeistaaten Jordanien und Ägypten oder gar das erzfundamentalistische Saudi-Arabien, sind mehr oder weniger offen Verbündete Israels. Die Staaten der Europäischen Union und die USA geben sich als Friedensstifter aus und nehmen doch seit Jahrzehnten die brutale und das Völkerrecht wie die Menschenrechte verachtende Kolonialsiedlerpolitik Israels stillschweigend hin, nicht aus Unwissenheit, sondern deshalb, weil der israelische Kolonialsiedlerstaat ein Garant der von den imperialistischen Mächten geschaffenen neokolonialen Ordnung des Nahen Ostens ist.

Solidarität muss und kann deshalb nur von der internationalen Arbeiterbewegung kommen, von Sozialisten, Kommunisten und Antiimperialisten. Nur diese Kräfte sind in den imperialistischen Metropolen wie in der arabischen Welt potenziell in der Lage, der Unterstützung des israelischen Kolonialsiedlerregimes durch die jeweiligen Regierungen und die sie stützenden sozialen Kräfte ein Ende zu bereiten. Das kann und muss der internationale Beitrag zum Emanzipationskampf der Palästinenserinnen und Palästinenser sein.

2. Teil von Meno Hochschild

ANTISEMITISMUS, ZIONISMUS UND ISRAEL

Friedensbewegung kaputt
Schon vor den Luftangriffen Saddam Husseins auf Israel [1991] wurde dieser mit Hitler verglichen. Doch erst danach entfesselten die bürgerlichen Medien und Politiker jedweder Couleur die Propagandaschlacht aller Schlachten für Israel. Es gelang der Kriegspropaganda, einen imperialistischen Krieg zur Absicherung der neokolonialen Ordnung in einen israelischen Verteidigungskrieg umzumünzen. Unter Bezug auf die Giftgaswaffen des Irak wurde davor gewarnt, dass in Israel mit den Scud-Raketen Auschwitz vom Himmel fallen könnte. Hektisch reisten deutsche Politikerscharen nach Tel Aviv, um Scham über deutsche Giftgas- und Waffengeschäfte mit dem Irak zum Ausdruck zu bringen. Wieder einmal wurde die Schuld der herrschenden Klasse kollektiviert und „Wiedergutmachung" angeboten. Diesmal nicht nur in Form von Geld, sondern auch in Form von Waffenlieferungen, u. a. Patriot-Raketen.

Linke trommelt für Israel
Der Kommunistische Bund rief in Frankfurt sogar zu einer Kundgebung gegen den irakischen Raketenterror auf: „Bisher waren wir der Ansicht, dass die Bundesrepublik und vor allem das wiedervereinigte Vierte Reich die Fortsetzung des Dritten Reichs mit anderen Mitteln ist. Jetzt müssen wir erkennen, dass diese Fortsetzung mit ähnlichen Mitteln geschieht. (...) Beim Irakgate, organisiert vom BND und verbürgt von Bonn, handelt es sich nicht um ein alltägliches, sondern möglicherweise kriegsentscheidendes Geschäft. Und

es handelt sich darum, dass die deutsche Politik heute – nach Auschwitz, trotz Auschwitz – keine Skrupel hat, an der Massenvernichtung von Juden mitzuwirken. (...) Ohnmächtig protestieren wir gegen diesen Krieg, gegen die imperialistischen USA (...) wie auch gegen den Despoten Hussein. Israel befindet sich nicht im Krieg. An ihm rächt sich Hussein für das Scheitern seiner Ambitionen. Das ist die klassisch faschistische Methode, und Bürger dieses Landes sind daran beteiligt. Mit unserer Kundgebung wollen wir auch zu einer Korrektur der ‚linken Nahost-Politik' beitragen. Wir haben uns nichts vorzuwerfen, wenn wir mit verfolgten Palästinensern solidarisch waren (...). Wir haben uns sehr wohl etwas vorzuwerfen, wenn die Sache der Palästinenser zur Sache der PLO (...) erklärt wurde. (...) Wer auch immer in der arabischen Welt das Existenzrecht Israels angreift oder zum Objekt von Tauschgeschäften machen will, hat unsere Solidarität und unser Verständnis verloren."

Der Aufruf macht deutlich, welche Konfusion bei vielen Linken im Umgang mit der Nazi-Diktatur und Auschwitz herrscht. Das fängt mit der evidenten Verharmlosung der Nazi-Verbrechen an, als ob die Raketenangriffe auf Israel auch nur im Entferntesten hätten an die Dimensionen von Auschwitz heranreichen können. Dazu wird die (akzeptierte) Kollektivschuldthese so gewendet, dass „gerade Deutsche" das Existenzrecht Israels anzuerkennen hätten.

Wie gefährlich die „Nie wieder Deutschland"-Haltung ist, wenn sie nur Ausdruck eines borniertes, (wider Willen) deutschen Protests gegen die eigene herrschende Klasse und nicht das Resultat einer internationalistischen Grundhaltung ist, wird hier deutlich. Wie leicht aber bereits nur die Verteidigung des Existenzrechts Israels Linke dazu verleiten kann, offen als Kriegsunterstützer auf der Seite des Imperialismus zu landen, zeigen die folgenden Stellungnahmen von Benny Peiser, dem Sprecher des Frankfurter Arbeitskreises gegen Antisemitismus:

„Angesichts dieses martialischen Truppenaufmarsches und der Rechtmäßigkeit der alliierten Verbände, im Notfall den Irak auch mit Gewalt aus Kuwait zu vertreiben, könnte – so hofft man insgeheim – Saddam Hussein doch einlenken. Er kennt jetzt den Terminplan seiner Gegner und muss sich darauf einstellen. (...) Saddam Hussein hat in den vergangenen Wochen mehrfach einen Giftgasangriff gegen Israel angekündigt. Es bleibt trotzdem nur zu hoffen, dass Saddam seine wahnsinnige Drohung nicht wahr macht." (*taz*, 29.11.90)

„In Israel wird sich wohl erst dann eine Mehrheit der Bevölkerung für eine Nahost-Friedenskonferenz finden lassen, wenn die daran beteiligten Parteien die Existenz des jüdischen Staates anerkannt und die Vernichtungsdrohungen von Seiten Iraks beseitigt worden ist. Schon allein deshalb wäre ein Entgegenkommen zugunsten Iraks tödlich für jedwede israelisch-palästinensische Annäherung." (*taz*, 11.12.90)

„Nachdem Saddam Hussein endgültig durchgedreht ist und die Moslems zum ‚Heiligen Krieg' aufgerufen hat, bleibt uns wohl nichts weiter übrig, als zu hoffen, dass dieser Alptraum möglichst schnell verfliegt und sei es letztendlich mit militärischer Durchsetzung des Völkerrechts." (*Hamburger Rundschau*, 17.1.91)

Die These vom linken Antisemitismus

Im Zusammenhang mit der Frage des Existenzrechts Israels taucht von Pro-Zionisten der Vorwurf auf, beim Antizionismus, der eben dieses Existenzrecht bestreitet, handele es sich um eine „linke Variante des Antisemitismus". Publizistischer Vorkämpfer dieser These ist in der BRD seit Jahren der Journalist Henryk M. Broder: „Wann immer gewachsene Verhältnisse ins Wanken geraten, in Zeiten politischen und sozialen Umbruchs also, sind Juden dran. Das ist eine Erfahrung, die sich in der Geschichte immer wieder wiederholt. So war es, als es mit dem Feudalismus abwärts ging, so war es in der Schlussphase des Kaiser- und des Zarenreichs. (...) Allerdings, warum das immer so war, warum Christen, Revolutionäre und Reaktionäre sich erst mal an den Juden austobten, bevor sie sich auf den Weg machten, auf diese Frage gibt es keine verlässliche Antwort. Es war so, weil es immer so war." Mit seinem Verzicht auf eine differenzierte Entschlüsselung historischer Phänomene durch eine tiefergehende historische Analyse macht sich Broder die gängige bürgerliche Sicht des Antisemitismus und des Holocausts zu eigen. Er erspart sich die Mühe der Analyse und diffamiert munter drauf los:

„Der Antisemit aus Weltanschauung glaubt an die jüdische Weltverschwörung – oder auch daran, dass Israel liquidiert werden muss, damit der Dritte Weltkrieg verhindert wird. Anfang der Achtziger Jahre war die letzte Spielart des Antisemitismus, der Antizionismus, en vogue. Seine Protagonisten wollten freilich um keinen Preis als Antisemiten gelten, obwohl sie in ihrem politischen Repertoire kein antisemitisches Klischee ausließen." Schließlich stellt Broder fest: „Damit stellt sich die unvermeidliche Frage. Was kann man tun? Im Prinzip nichts. Gegen eine Leidenschaft oder eine Weltanschauung gibt es kein Heilmittel..." (Alle Zitate aus *taz*, 22.5.90)

Zyniker könnten sagen, dass Broder mit seinen Artikeln, die eingestandenermaßen kein Beitrag zur Bekämpfung des Antisemitismus sind und sein wollen, zumindest Geld verdient. Das ist ja schon etwas, wenn man vom Bekenntnis, von einer Sache nichts zu verstehen, wenigstens leben kann. Uns aber drängt sich der Eindruck auf, dass Broder daran gelegen ist, jede kritische Auseinandersetzung mit dem Zionismus und dem Antisemitismus zu hintertreiben.

Entgegen Broders Behauptung hat eine politische Strömung sehr wohl die jüdische Problematik und den Antisemitismus untersucht und eine ganze Reihe von fundierten historisch-materialistischen Analysen und Handlungsperspektiven beigesteuert: die trotzkistische Bewegung – angefangen mit dem hierzulande leider wenig bekannten Grundlagenwerk „Judenfrage und Kapitalismus" von Abraham Léon. Aber auch Autoren wie Nathan Weinstock oder Jakob Taut sollen hier nicht unerwähnt bleiben.

Die materiellen Ursachen des Antisemitismus

Theoretische Defizite der deutschen Linken
Ein erheblicher Teil der marxistisch beeinflussten Linken hatte in der Vergangenheit den Antisemitismus und die Ausrottung der Juden im Nationalsozialismus eher als Randerscheinung aufgefasst. Dazu trug nicht zuletzt die ökonomistische Faschismustheorie Dimitroffs und Stalins bei. Nun scheint es, dass im Zuge der in den letzten Jahren neu aufgeflammten Diskussion um Antisemitismus und Holocaust so manche Linke sich im Wesentlichen auf das Thema der Judenausrottung konzentrieren, während andere zentrale Aspekte des Nationalsozialismus, der vor allem Faschismus ist, aus dem Blickfeld geraten. Neuerdings sind einige Linke bereit, sich alle möglichen zionistischen Theorien über den Antisemitismus oder den Holocaust zu eigen zu machen. Gleichzeitig geraten materialistische Erklärungen, die allesamt auf die tiefgreifende Zerfallskrise des Kapitalismus zwischen den Weltkriegen hinweisen, ganz aus dem Blickwinkel. Zu Unrecht.

Léons Analyse der jüdischen Frage
In seinem 1942 entstandenen Werk „Judenfrage und Kapitalismus" weist der belgische Marxist Abraham Léon nach, wie der Antisemitismus seine Formen und Inhalte wandelte,

dass er letztlich in der historisch sich wandelnden ökonomischen Position der Juden und den daraus entstehenden sozialen Gegensätzen seine Ursachen fand. Léon räumt auch mit der zionistischen Vorstellung auf, dass die Juden in der Römerzeit alle in die Diaspora vertrieben worden wären und seitdem 2000 Jahre auf die Rückkehr nach Palästina gehofft und gewartet hätten. Schon lange vor der Zerstörung Jerusalems durch die Römer bestand eine jüdische Diaspora. Die kargen landwirtschaftlichen Verhältnisse in Palästina gaben den Juden keine ausreichende Existenzgrundlage. Gleichzeitig spielte schon damals Palästina als Durchgangsland für den Handel eine wichtige Rolle, und die Juden beerbten die Phönizier in ihrer Rolle als Handelsvolk. Der Handel wurde die Existenzgrundlage der jüdischen Diaspora.

Schon in der Antike hatte zum Beispiel ein jüdischer Kaufmann aus Marseille nichts mit einem Juden in Palästina oder in Nordafrika zu tun. Am allerwenigsten dachten die Juden der Diaspora an eine Rückkehr nach Palästina, wo sie doch vom Handel lebten.

Léon schreibt, dass auf der ideologischen Ebene die jüdische Religion ganz anders als das Christentum den Interessen eines Handelsvolks entsprach und somit identitätsstiftend wirkte. Anders als im Christentum galt in der jüdischen Religion zum Beispiel die kaufmännische Tätigkeit nicht als etwas fast Gotteslästerliches und als schwindelhaftes Treiben. Der Gedanke an eine „Rückkehr" nach Palästina ist daher eine Idee der neuesten Zeit, der des niedergehenden Kapitalismus.

In der Antike und erst recht im feudalen Mittelalter bildeten die Juden nach Léon somit eine Volksklasse des feudalen Kaufmannskapitals (nicht zu verwechseln mit dem modernen Industrie- und Finanzkapital). Der Antisemitismus der Antike war der Widerwille einer wesentlich auf die Produktion von Gebrauchswerten (und nicht Tauschwerten) beruhenden Gesellschaft gegenüber dem als parasitär angesehenen spekulativen Handelskapital. Dennoch ging der Antisemitismus nie über zur Judenausrottung, weil die antike und die feudale Gesellschaft die Juden brauchten. Im Mittelalter hielten oft Könige und Fürsten ihre schützende Hand über die Juden und nahmen gerade diese von der damaligen Christianisierung mit Feuer und Schwert aus, denn die Juden waren damals die einzigen, die in der Lage waren, seltene Luxuswaren aus dem Orient nach Europa einzuführen. Die Juden erfüllten als Brücke zwischen Orient und Okzident ein wichtiges Bedürfnis der feudalen Gesellschaft nach Waren, die sie selbst nicht herstellen konnte.

Gegen Ende des Mittelalters, als sich die Stellung der Juden mit dem Aufkommen eines einheimischen Bürgertums und der Entwicklung eines Manufakturkapitalismus verschlechterte, gab es die ersten großen Pogrome und Ghettos. Die Könige sahen die Juden als ihre Sklaven an, gewissermaßen als Dukatenesel, und benutzten diese in ihrem Kampf gegen den niederen Adel und besonders gegen das aufstrebende einheimische Bürgertum.

Die Wuchergewinne der Juden waren den Königen bei Gelegenheit eine äußerst lukrative Quelle des Reichtums. In Frankreich und England zum Beispiel beteiligten sie sich an Pogromen, verwiesen die Juden des Landes und konfiszierten ihre Reichtümer. Wenig später holten sie die Juden wieder zurück und „erlaubten" ihnen die Wiederaufnahme ihrer Handels- und Wuchergeschäfte.

Abraham Léon betont, dass es sich beim Kampf zwischen der neuen einheimischen Bourgeoisie und den Juden nicht um den Kampf zweier nationaler religiöser Gruppierungen um die Vormacht im Handelsverkehr handelte, sondern vielmehr um einen Konflikt zwischen zwei Klassen, die zwei verschiedene Wirtschaftssysteme verkörperten. Die sogenannte nationale Konkurrenz reflektiert hier den Übergang von der feudalen

Subsistenzwirtschaft zur Tauschwirtschaft. Während der jüdische Kredit im Wesentlichen ein Konsumkredit bleibt, haben die Kredite der neuen Bankiers (zum Beispiel Jacob Fugger) und einheimischen Kaufleute vornehmlich investiven, produktiven Charakter. In Westeuropa, wo diese Entwicklung viel früher als in Osteuropa einsetzte (schon ab dem 13. Jahrhundert), sanken die Juden meist zu kleinen Wucherern und Hausierern ab, deren Kunden nicht mehr Könige und Adlige waren, sondern vielmehr Bauern und kleine Handwerker. Diese vor allem waren es auch, die sich in wütenden Pogromen des jüdischen Wuchers zu entledigen suchten.

Mit Beginn der industriellen Phase des Kapitalismus und den Folgen der Französischen Revolution war die Lage derart, dass es in Westeuropa kaum noch Juden gab. Der wirtschaftliche Niedergang der Juden führte dazu, dass viele entweder in die vom Kapitalismus noch weitgehend unberührten Länder – vor allem Osteuropa und Osmanisches Reich – flohen oder in die neue Gesellschaft assimiliert wurden. Letzteres wurde durch die nach der Französischen Revolution eingeführten bürgerlichen Freiheiten sehr erleichtert. Bei den verbliebenen Juden setzte eine soziale Differenzierung ein. Die Volksklasse hörte auf, eine solche zu sein.

Sowohl bei den wenigen Juden, denen es gelang, in die neuen Handelsklassen aufgenommen zu werden als auch bei denen, die zu einem Teil des neuen, anfangs noch eher handwerklichen Proletariats wurden verschwanden – wenn auch nicht immer einfach und schnell – die religiösen, politischen und schließlich auch juristischen Unterschiede zu den „alten" Christen. Im Übrigen hat es auch in früheren Jahrhunderten Assimilationstendenzen gegeben. Juden, die in den arabischen Ländern lebten, konnten oft landwirtschaftliche Tätigkeiten ausüben. Dann aber wurden sie im Laufe einiger Generationen „neue" Moslems. Deshalb ist auch die zionistische Vorstellung, die Juden hätten ihre Identität als religiöse und nationale Gruppe bewahrt, weil sie immer wieder verfolgt worden wären, ein Mythos. In Wirklichkeit ist das Judentum, wie es sich zu Beginn des 20. Jahrhunderts präsentierte, das Ergebnis eines jahrhundertelangen sozialen Ausleseprozesses. In Osteuropa aber setzte Ende des 19. Jahrhunderts die forcierte und verspätete Entwicklung des Kapitalismus ein und setzte die jüdische Frage, die im Westen gerade völlig an Bedeutung zu verlieren schien, erneut und mit doppelter Schärfe auf die Tagesordnung.

Die alten, auf die Naturalwirtschaft zugeschnittenen Erwerbsmöglichkeiten schwanden. Die zunehmend prekäre wirtschaftliche Situation der Juden erzwang auch hier die Auswanderung oder die soziale Differenzierung und damit einhergehend die „produktive Integration" der Juden in die neue kapitalistische Gesellschaft.

Die Auswanderungswellen osteuropäischer Juden nach Westeuropa und Amerika setzten, gerade weil der Kapitalismus zu Beginn des 20. Jahrhunderts seine progressiven Entwicklungsmöglichkeiten erschöpft hatte, auch dort die jüdische Frage neu auf die Tagesordnung.

Schon vor dem Ersten Weltkrieg entstand so in Mittel- und Westeuropa (mit Ausnahme Englands, wo es kaum jüdische Einwanderer gab) eine starke antisemitische Bewegung innerhalb des Kleinbürgertums. Dieses wurde in der allgemeinen Gesellschaftskrise durch die Entfaltung des Monopolkapitalismus ruiniert und geriet, auf dem Wege der Proletarisierung, beim massiven Einbruch des jüdischen Elements, das seiner Tradition nach ebenfalls kleinbürgerlich und handwerklich war, in äußerste Verbitterung.

Der moderne Antisemitismus ist also Resultat der Fäulnis des niedergehenden Kapitalismus. Er hat mit dem Antisemitismus früherer Jahrhunderte nichts zu tun. Das in der Geschichte noch nie dagewesene Ausmaß der grauenvollen Judenverfolgungen im 20. Jahrhundert verweist auf die Schärfe der Widersprüche des Kapitalismus. Deutlich wird das nicht zuletzt, wenn die ideologischen Inhalte des modernen Antisemitismus eingehender betrachtet werden.

Die Ideologie des Antisemitismus

Das Kleinbürgertum, obwohl selbst eine kapitalistische Klasse, die alle kapitalistischen Tendenzen in Miniatur in sich trägt, hat als Opfer der Krise und der Modernisierungstendenzen das vage Bewusstsein, vom Großkapital ausgeplündert und ruiniert zu werden. Aber das Kleinbürgertum ist unfähig, den wirklichen Charakter der Gesellschaft und des Großkapitals zu verstehen. „Es will antikapitalistisch sein, ohne aufzuhören, selbst kapitalistisch zu sein. Es will den schlechten Charakter des Kapitalismus zerstören, d. h. die Tendenzen, die es selbst ruinieren, und zugleich den ‚guten Grundcharakter' des Kapitalismus erhalten, der es ihm erlaubt zu leben und sich zu bereichern." (A. Léon, Judenfrage und Kapitalismus, München 1971, S. 97)

Diese Zwiespältigkeit des Kleinbürgertums drückt sich auch in seiner Ideologie aus. Einerseits werden das Proletariat und seine Organisationen – Gewerkschaften und politische Parteien – als fremd oder gar als Bedrohung empfunden. Der Antisemit vermutet hinter Sozialdemokraten und Kommunisten das „internationale Judentum". Andererseits erscheint der Kapitalismus in der Vorstellung des Antisemiten als verzerrt. Moishe Postone, ein amerikanischer Soziologe, hat diese Ambivalenz auf sehr gelungene Weise ideologiekritisch unter die Lupe genommen. Sein Ausgangspunkt ist der Marx'sche Begriff des Fetischs. „Ein Aspekt des Fetischs ist also, dass kapitalistische gesellschaftliche Beziehungen nicht als solche in Erscheinung treten, und sich zudem antinomisch, als Gegensatz von Abstraktem und Konkretem, darstellen. Und weil beide Seiten der Antinomie vergegenständlicht sind, erscheint jede als quasi-natürlich: Die abstrakte Seite tritt in Gestalt von ‚objektiven' Naturgesetzen auf und die konkrete Seite erscheint als rein stoffliche Natur. (...) Formen antikapitalistischen Denkens, die innerhalb der Unmittelbarkeit dieser Antinomie verharren, tendieren dazu, den Kapitalismus nur unter der Form der Erscheinungen der abstrakten Seite dieser Antinomie wahrzunehmen, zum Beispiel Geld als ‚Wurzel allen Übels'. Dem wird die bestehende konkrete Seite dann als das ‚Natürliche' oder ontologisch Menschliche, das vermeintlich außerhalb der Besonderheit kapitalistischer Gesellschaft stehe, positiv entgegengestellt. So wird – wie etwa bei Proudhon – konkrete Arbeit als das nichtkapitalistische Moment verstanden, das der Abstraktheit des Geldes entgegengesetzt ist. Dass konkrete Arbeit selbst kapitalistische gesellschaftliche Beziehungen verkörpert und von ihnen materiell geformt ist, wird nicht gesehen." (Postone, Nationalsozialismus und Antisemitismus, in: Zivilisationsbruch – Denken nach Auschwitz, hrsg. von Dan Diner, S. 248)

Dass die Marx'schen Kategorien wie Ware, Geld, Kapital nicht nur ökonomische Bestimmungen (ein verbreiteter methodischer Fehler auch bei vielen „Marxisten"), sondern vor allem gesellschaftliche Bestimmungen sind, ist hier wichtig zu verstehen. Postone stellt fest, dass die dem fetischistischen Denken innewohnende Naturalisierung zunehmend biologisch aufgefasst wird. Für Marx ist das Kapital in seiner prozessualen Gestalt als sich selbst verwertender Wert charakterisiert. Es erscheint in der Form von Geld und Waren, es hat keine fertige und endgültige Gestalt. Es erscheint als abstrakter Prozess. Die biologisierende Sicht des Kapitalverwertungsprozesses durch den Antisemiten verzerrt die Wahrnehmung des Kapitals wie folgt: „Auf der logischen Ebene des Kapitals lässt der ‚Doppelcharakter' (Arbeits- und Verwertungsprozess) industrielle Produktion als ausschließlich materiellen schöpferischen Prozess, ablösbar vom Kapital, erscheinen. Die manifeste Form des Konkreten ist nun organischer. So kann das industrielle Kapital als direkter Nachfolger ‚natürlicher' handwerklicher Arbeit auftreten und im Gegensatz zum ‚parasitären' Finanzkapital, als ‚organisch verwurzelt'. Seine Organisation scheint der Zunft verwandt zu sein.

(...) Kapital selbst – oder das, was als negativer Aspekt des Kapitalismus verstanden wird – wird lediglich in der Erscheinungsform seiner abstrakten Dimension verstanden: als Finanz- und zinstragendes Kapital. In dieser Hinsicht steht die biologistische Ideologie, die die konkrete Dimension des Kapitalismus als ‚natürlich' und ‚gesund' dem Kapitalismus (wie er erscheint) gegenüberstellt, nicht im Widerspruch zur Verklärung des Industriekapitals und seiner Technologie. Beide stehen auf der ‚dinglichen' Seite der Antinomie. (...) Die positive Hervorhebung der ‚Natur', des Blutes, des Bodens, der konkreten Arbeit, der Gemeinschaft, geht ohne Weiteres zusammen mit einer Verherrlichung der Technologie und des industriellen Kapitals. Diese Denkweisen sind genausowenig anachronistisch oder Ausdruck einer historischen Ungleichzeitigkeit zu nennen, wie der Aufstieg von Rassentheorien im späten 19. Jahrhundert als Atavismus aufzufassen ist. Sie sind historisch neue Denkformen, nicht die Wiederauferstehung einer älteren Form. Der ‚antikapitalistische' Angriff bleibt jedoch nicht bei der Attacke auf das Abstrakte als Abstraktem stehen. Selbst die abstrakte Seite erscheint vergegenständlicht. Auf der Ebene des Kapitalfetischs wird nicht nur die konkrete Seite naturalisiert und biologisiert, sondern auch die erscheinende abstrakte Seite, die nun in Gestalt des Juden wahrgenommen wird. So wird der Gegensatz von stofflich Konkretem und Abstraktem zum rassischen Gegensatz von Arier und Jude. Der moderne Antisemitismus besteht in der Biologisierung des Kapitalismus – der selbst nur unter der Form des erscheinenden Abstrakten verstanden wird

– als internationales Judentum. (…) Die Juden wurden nicht bloß als Repräsentanten des Kapitals angesehen (in diesem Fall wären die antisemitischen Angriffe wesentlich klassenspezifischer gewesen), sie wurden vielmehr zu Personifikationen der unfassbaren, zerstörerischen, unendlich mächtigen, internationalen Herrschaft des Kapitals. (…) Die Überwindung des Kapitalismus und seiner negativen Auswirkungen wurde mit der Überwindung der Juden gleichgesetzt." (Postone, a. a. O., S. 249 ff.)

Der moderne Antisemitismus unterscheidet sich von anderen Formen des Rassismus demnach vor allem dadurch, dass die Macht der Juden als tatsächlich vorhanden und als größer angesehen wird, als sie ist. Die Juden stehen für eine ungeheuer machtvolle, unfassbare internationale Verschwörung. Diese Wahnvorstellungen wurden vom verzweifelten faschistischen Kleinbürger ernst genommen. Auch als nach dem „Röhm-Putsch" von 1934 auf den zu konkreten und plebejischen „Antikapitalismus" der SA verzichtet wurde, wurde in der NSDAP die antisemitische Grundhaltung beibehalten, wonach „der Jude" die Quelle allen Übels sei. Diese Überzeugung führte letztlich auch zur Inangriffnahme der sogenannten „Endlösung" während des Zweiten Weltkrieges.

Léon beantwortete die Frage, warum gerade die Juden als Sündenbock für die Krise des Kapitalismus herhalten mussten, so: „Der ‚jüdische Kapitalismus' ist am ehesten geeignet, die Rolle des schlechten Kapitalismus zu übernehmen. Die Vorstellung des jüdischen Reichtums war in der Tat im Bewusstsein der Massen fest verankert. Es ging nur darum, mit einer gut abgestimmten Propaganda das Bild des jüdischen Wucherers, gegen den Bauern, Kleinbürger und Gutsbesitzer lange Zeit gekämpft hatten, wieder wachzurufen und zu aktualisieren. Das Kleinbürgertum und ein Teil der unter seinem Einfluss stehenden Arbeiterklasse lassen sich leicht von einer solchen

Propaganda mitreißen und werden Opfer der Ideologie vom jüdischen Kapitalismus." (Léon, a. a. O., S. 97 f.)

Die „Arisierung" jüdischen Eigentums, die die Nazis versprachen und später durchsetzten, diente ihnen als Beweis für ihren Kampf gegen den „schlechten" Kapitalismus und sollte das Kleinbürgertum bei der Stange halten.

Der Holocaust

Auschwitz – die Zweckerfüllung des Faschismus?
Der Schritt vom Antisemitismus zu Auschwitz ist mit der materialistischen Analyse des Antisemitismus noch nicht hinreichend erfasst. Erst recht ist mit dem Antisemitismus noch nicht der Nationalsozialismus erklärt, der vor allem und trotz des alle Dimensionen sprengenden moralischen Entsetzens über Auschwitz Faschismus bleibt, der, wie das Beispiel des italienischen Faschismus belegt, seine Funktion für das Kapital auch ohne einen ausgeprägten Antisemitismus erfüllen kann.

Demgegenüber sieht Moishe Postone im Holocaust die Zweckerfüllung des Faschismus: „Eine kapitalistische Fabrik ist ein Ort, an dem Wert produziert wird, der ‚unglücklicherweise' die Form der Produktion von Gütern annehmen muss. Das Konkrete wird als der notwendige Träger des Abstrakten produziert. Die Ausrottungslager waren demgegenüber keine entsetzliche Version einer solchen Fabrik, sondern müssen eher als ihre groteske arische ‚antikapitalistische' Negation gesehen werden. Auschwitz war eine Fabrik zur ‚Vernichtung des Werts', das heißt zur Vernichtung der Personifizierung des Abstrakten. (...) Auschwitz, nicht die ‚Machtergreifung' 1933, war die wirkliche ‚Deutsche Revolution' – die wirkliche Scheinumwälzung der bestehenden Gesellschaftsformation." (Postone, a. a. O., S. 253 f.)

Diese Erklärung des Holocausts leidet unter dem großen Mangel, dass die gesellschaftlichen Zwecke des Faschismus allein abgeleitet werden aus einem Aspekt der national-sozialistischen Ideologie. Die „Deutsche Revolution" wird in die Köpfe verlegt. Der faschistisch-antisemitische Kleinbürger mag in der „Verwirklichung" der antisemitischen Ideologie die Zweckerfüllung des deutschen Faschismus gesehen haben. Und die Judenausrottung mag dem Antisemiten tatsächlich als die wirkliche „Deutsche Revolution" erschienen sein – obwohl der fetischistische Charakter des antisemitischen Denkens Zweifel bezüglich der Hypothese berechtigt erscheinen lässt, dass Antisemiten sich der Logik ihrer eigenen Psychologie bewusst sind. Zugleich verharmlost diese Art der Vergeistigung der „Deutschen Revolution" die faschistische Diktatur mitsamt ihrer schrecklichen Repression gegen die Arbeiterklasse.

Aus der Sicht des Großkapitals, das sozialökonomisch die herrschende Klasse blieb, stellte und stellt sich der Holocaust hingegen nur als Exzess dar. Die Diktatur hat es gewollt, die Konsequenz des Antisemitismus erscheint ihm im Nachhinein als Betriebsunfall. Zahlreiche bürgerliche Historiker werfen heute dem Nationalsozialismus im Wesentlichen (und ihn so völlig verharmlosend) bloß noch vor, den Zweiten Weltkrieg verloren und sich in „überflüssige Exzesse" gesteigert zu haben. Die Distanzierung von der faschistischen Diktatur hat oft nur rituellen Charakter. Da die Bourgeoisie eine historisch-gesellschaftliche Erklärung des Faschismus und des Antisemitismus nicht akzeptieren kann, weil sie sich der historischen Überlebtheit des Kapitalismus nicht stellen will, die Verfallskrise des Kapitalismus leugnet, wird für sie der Holocaust zu einem unlösbaren Rätsel. Die bürgerliche Geschichtsschreibung konzentriert sich daher auf die Person Hitlers, wenn sie Ursachenforschung betreibt. Tatsächlich aber hat das Großkapital dadurch, dass es Hitler wegen seines allgemeinen Programms und bei relativer Gleichgültigkeit bezüglich des Antisemitismus zur Macht verhalf, historische Schuld auf sich geladen.

Die Funktion des Antisemitismus im NS-Staat

Besonders schwer traf die Zuspitzung der historischen Krise des Kapitalismus ab 1929 den deutschen Imperialismus. Weil dieser gegenüber seinen Hauptkonkurrenten in Europa, England und Frankreich, in seiner Entwicklung „verspätet" war, nur relativ unbedeutende Teile des kolonialen Kuchens erbeutet hatte, die er 1919 auch noch verlor, musste die deutsche Bourgeoisie ihre geostrategischen Beschränkungen zu überwinden suchen. Ihr Ziel musste die Neuordnung erst Europas und dann der Welt sein. Der Nationalsozialismus bot das für die Verwirklichung dieser Zielsetzung seinerzeit optimale Programm. Eine Neuordnung Europas war nur gewaltsam denkbar und nur auf der Basis eines Machtzuwachses des Kapitals im Innern. Um dieses Programm ernstlich ins Auge zu fassen, musste zuerst der innere Feind besiegt werden, die deutsche Arbeiterklasse. Das Kleinbürgertum und seine ins Proletariat herabgesunkenen Elemente stellten die Stoßtruppen, die fähig waren, die wirtschaftlichen und politischen Organisationen des Proletariats zu zerschlagen. Zugleich musste seine Unzufriedenheit kanalisiert werden.

Diese Funktion erfüllte der Nationalsozialismus und die antisemitische Ideologie diente diesem Zweck. Die Massenorganisationen des Proletariats wurden mit dem „internationalen Judentum" in Verbindung gebracht. Abraham Léon schreibt: „Man sieht, dass der Rassismus aus sehr heterogenen Elementen zusammengesetzt ist. (...) Der Rassismus dient gerade dazu, alle Klassen in dem Schmelztiegel einer Rassengemeinschaft aufgehen zu lassen. Der Rassenmythos bemüht sich, als einheitliches Ganzes – mit nur sehr vagen

Beziehungen zu seinen sehr verschiedenen Quellen – zu erscheinen. Er versucht, seine verschiedenen Elemente in perfekter Manier zu vereinen. So muss z. B. der nach außen gerichtete Rassismus als ideologischer Deckmantel für den Imperialismus keineswegs schon per se einen antisemitischen Charakter haben. Aber aufgrund der Notwendigkeit einer Verschmelzungsideologie bedient er sich in der Regel dieser Erscheinungsform. Die antikapitalistische Tendenz der Massen, zunächst gegen das Judentum gelenkt, bezieht sich sehr bald auch auf den äußeren Feind, der mit dem Judentum identifiziert wird. Die ‚germanische Rasse' muss gegen den Juden, ihren Hauptfeind, in allen seinen Verkleidungen kämpfen: der des Bolschewismus und Liberalismus im Innern, der der angelsächsischen Plutokratie und der des russischen Bolschewismus. Hitler schreibt in ‚Mein Kampf', dass man die verschiedenen Feinde unter einem gemeinsamen Aspekt zeigen müsse, da sonst die Gefahr bestehe, dass die Massen zuviel über die bestehenden Unterschiede nachdenken würden. Der Rassismus ist also keine Doktrin, sondern ein Mythos. Er fordert Glauben und fürchtet die Überlegung wie das Feuer. Der Antisemitismus ist am besten geeignet, die verschiedenen Elemente des Rassismus zu untermauern." (Léon, a. a. O., S. 98 f.)

Die Bedeutung des KZ-Terrors
Wiewohl dem verzweifelten Kleinbürger der „Kampf gegen den Juden" als der Hauptzweck des deutschen Faschismus erschienen sein mag – für das Großkapital war 1933 die Niederwerfung des Proletariats vordringlich. Die Atomisierung der Gesellschaft, die Errichtung einer staatsterroristischen Ordnung, die rücksichtslose Durchsetzung des Führerprinzips in allen Lebensbereichen, die sogenannte „Gleichschaltung" wurde schon vor 1933 von Leo Trotzki immer wie-

der als der eigentliche Zweck des Faschismus (nicht nur des deutschen Faschismus) hervorgehoben.

In der Broschüre „Zionismus, Faschismus, Kollektivschuld", herausgegeben von der Autonomen Nahostgruppe Hamburg und der Gruppe Arbeiterpolitik, wird betont, dass die Vernichtungslager nicht nur gegen die Juden gerichtet waren: „Den nicht-faschistischen Teilen der deutschen Bevölkerung dagegen, insbesondere der Arbeiterschaft, hielten der Abtransport der Juden und die Gerüchte und Nachrichten über die Vernichtungslager vor Augen, was auch ihnen geschehen würde, wenn sie Widerstand leisteten. (...) im Zusammenhang mit der Vernichtung standen auch der unmittelbaren Kriegsführung abträgliche Einzelentwicklungen. So z. B. wenn etwa für Materialtransporte an die Front dringend gebrauchte Transportkapazitäten für Judentransporte bereitgestellt wurden. Das beweist jedoch nicht etwa die rein ideologische Motivation der Judenvernichtung. Es zeigt mit der Notwendigkeit, den Schein einer ideologischen Motivation aufrechtzuerhalten, dass die Politik des Faschismus nicht allein wirtschaftlichen Zielen dient. Sie muss darüber hinaus das wirtschaftlich aus den Interessen des Kapitals Notwendige politisch durchsetzen, durch die Niederhaltung von Klassenwiderstand und den Erhalt ihrer Massenbasis."

Hier ist zunächst zu erwähnen, dass Konzentrationslager schon sehr bald nach der Machtergreifung eingerichtet wurden, deren erste Insassen innenpolitische Gegner der Nazis wurden, also lange, bevor die „Endlösung" beschlossen wurde (was die oben erwähnte Einschüchterungsthese natürlich nicht falsifiziert).

In der Hamburger Broschüre heißt es denn ähnlich wie im Buch „Die Ökonomie der Endlösung" von Susanne Heim und Götz Aly: „Planer und Wirtschaftsfachleute des Faschismus (...) hatten Begründungen für die Judenvernichtung, die aus ihrer Sicht nüchterner schienen. Bereits in den 30er-Jahren hatten wissenschaftliche Untersuchungen hervorgehoben, dass im krisengeschüttelten Osteuropa mehr Menschen lebten, als für eine einträgliche kapitalistische Verwertung angewandt werden konnten. (...) Die ‚überflüssigen Esser' sollten zu Millionen in Gebiete der UdSSR geschafft werden, in denen sie nur hätten verhungern können. Der Blick auf dieses ‚Problem' war durch die negative Wirtschaftsbilanz der Ghettos ‚geschärft' worden. Im Verhältnis zum wirtschaftlichen Ertrag war die Versorgung der Menschen zu teuer. Aus einem solchen Blickwinkel erschien die Judenvernichtung dann als ‚Teillösung' des Problems der Überbevölkerung."

Wenden wir uns noch einmal der Einschüchterungsthese zu. Leo Löwenthal, ein jüdischer Emigrant in den USA, beschrieb in einem Artikel „Individuum und Terror" aus dem Jahre 1945 die Wirkung des Lagerterrors: „so darf doch nicht vergessen werden, dass die Bevölkerung i. Allg. von Massenverhaftungen und KZ-Terror wusste. Und somit waren nicht nur die inhaftierten Juden, die ‚Kommunisten', die Polen und so fort Opfer des Terrors, sondern der Intention nach tatsächlich alle. (...) Die Faschisten haben als Erste die Verbindung zwischen potenziellem materiellem Elend und realer geistiger Verarmung erkannt und diese Erkenntnis als Erste rational, systematisch und uneingeschränkt ausgenutzt. Sie hatten erkannt, dass Unterdrückung und Kontrolle der Überschussbevölkerung nur dann möglich war, wenn in ihre Hirne das Bewusstsein ständiger physischer und geistiger Bedrohung eingebrannt wurde und wenn die gesamte Struktur traditioneller moralischer und emotionaler Bezugssysteme, mit denen die Menschen bisher persönliche Katastrophen und Prüfungen zu überstehen versucht hatten, ausgerottet wurde. Hitler selbst sprach von der Notwendigkeit des Terrors und der Grausamkeit, so lesen wir bei Rauschning. Er finde durchaus keinen Gefallen an all diesen Veranstaltungen wie Konzentrationslager und Geheimpolizei, aber das

seien nun einmal Notwendigkeiten, die nicht zu umgehen wären. ‚Ohne den Willen zur Grausamkeit geht es nicht ... Herrschaft wird nie durch Humanität begründet, sondern vom bürgerlichen Winkel aus betrachtet durch Verbrechen. Der Terror ist absolut unentbehrlich bei jeder Begründung einer neuen Macht (...) Wichtiger noch als der Terror ist die systematische Umwandlung der Begriffswelt und der Empfindungsschemata der Masse. Man muss sich auch noch die Gedanken und Gefühle der Menschen unterwerfen'..."
(Löwenthal, Individuum und Terror, in: Zivilisationsbruch – Denken nach Auschwitz, hrsg. v. D. Diner, S. 17 u. 24)

Ist der Holocaust ökonomisch zu erklären?
Während die Konzentrations- und Vernichtungslager durchaus auch dem eiskalten Kalkül der faschistischen Spitzen entsprangen, die gesamte Gesellschaft systematisch zu terrorisieren, ist die These, die Judenvernichtung sei als Lösung des Problems der osteuropäischen „Überbevölkerung" begonnen worden, wenig überzeugend. Sicher, es gab in den niederen Rängen der Nazi-Hierarchie tatsächlich die sogenannte planende Intelligenz, die derartige ökonomische Überlegungen für die Judenvernichtung ins Feld führten, wie Helm/Aly in ihrem Buch „Die Ökonomie der Endlösung" ausführlich darstellen. Dennoch steht diese These auf wackligen Füßen. Ob es im Kapitalismus überhaupt eine „Überbevölkerung" geben kann, erscheint bereits zweifelhaft. Massenarbeitslosigkeit erfüllt für das Kapital eine positive Funktion, solange es die daraus resultierende politische Unruhe im Griff behält. Noch wichtiger: Die Vernichtung der Juden erforderte unter den Bedingungen des Krieges mehr Aufwand als deren Versorgung. Jakob Taut, ein israelischer Trotzkist, meint: „Der unglaubliche Irrsinn und die extreme Irrationalität dieses größten Amoklaufs der Geschichte ist an der Tatsache zu

erkennen, dass die Nazis selbst während ihrer späteren militärischen Rückzüge und bei wachsendem Mangel an Arbeitskräften in der Armee und in der Industrie die Massenvernichtung fortsetzten; die Juden wurden nur in sehr bescheidenem Ausmaß als Arbeitskräfte für die deutsche Kriegsmaschinerie verwendet; die Todeszüge, die dem überlasteten Eisenbahnnetz weitere Schäden zufügten und die Linien versperrten, strömten mit den Opfern weiter nach Osten. (...) Als die Sowjetarmee die deutschen Truppen bis nach Berlin jagte, wussten diese irrationalen Amokläufer nichts anderes, als die überlebenden Judenmassen auf ihrer Flucht mit sich zu schleppen, trotz der sehr großen Schwierigkeiten und der sicheren Niederlage. Dieser Todeszug fand unter ungeheuren Qualen und Martern statt, und wenn jemand nicht weiter konnte, wurde er auf der Stelle erschossen und am Wege liegengelassen." (J. Taut, Judenfrage und Zionismus, S. 130)

Die Suche nach einer vordergründigen ökonomischen Zweckrationalität der „Endlösung" geht fehl. Sie kann nur als Resultat eines ökonomistischen Missverständnisses des Marxismus gewertet werden. Nicht jede politische Entscheidung ist direkt auf ökonomische Zwänge und Interessen zurückzuführen. Die ökonomistischen Ansätze verkennen auch den besonderen Charakter des faschistischen Staates. Sie tendieren dazu, die institutionelle Unabhängigkeit des Staates vom Kapital zu unterschätzen, die vom Faschismus auf die Spitze getrieben wird. Der Faschismus entsteht als kleinbürgerliche Massenbewegung. Er ist auch nach seiner Machtergreifung nicht bloße Marionette, nicht der direkte und verlängerte Arm des Großkapitals. Er treibt die bonapartistische Unabhängigkeit des bürgerlichen Staates auf die Spitze und vollendet gleichzeitig den bürgerlichen Charakter des Staates. Der faschistische Staat „verrechtlicht" die Verhältnisse zwischen den Einzelkapitalisten und dem Staat und ist so moderner imperialistischer Staat. Aber zugleich ist der faschistische Staat wegen seiner relativen Unabhängigkeit „ideologischer", d. h. offener für ideologische Einflüsse und scheinbare Irrationalismen, als der mehr kontrollierte Staat der imperialistischen Demokratie.

Der Entschluss zur „Endlösung" und seine Umsetzung können vor diesem Hintergrund nur aus der Psychopathologie der kleinbürgerlichen Machthaber des Faschismus begriffen werden. Der kleinbürgerliche Antisemit, der in den faschistischen Machthabern steckte, lief Amok, als er sich im Verlauf des Krieges vom „internationalen Judentum" bedrängt sah. Er konnte aber nur zu diesem Amoklauf ansetzen, weil das Großkapital keinen anderen Ausweg aus der Verfallskrise des Kapitalismus sah, als auf die faschistische Karte zu setzen.

Der Charakter des Zionismus

Es ist hier nicht der Platz, alle Aspekte des Zionismus zu untersuchen. Wichtig ist hier dessen Analyse zur Klärung der Frage, ob Antizionismus nur eine neue Form der Judenfeindschaft bzw. des (rassistisch begründeten) Antisemitismus ist und ob die Nichtanerkennung des Rechts auf die staatliche Existenz Israels mit Antisemitismus gleichzusetzen ist. Letzteres wird von den meisten Linken aus dem Spektrum des Kommunistischen Bundes (KB) und der Radikalen Linken behauptet.

Die zionistische Utopie
Wir sahen, dass der Holocaust ein Produkt der Verfallskrise des Kapitalismus ist. Auschwitz ist aus marxistischer Sicht Teil der von Rosa Luxemburg befürchteten kapitalistischen Barbarei. Auschwitz ist nicht selbst die Zeitenwende, sondern

grauenvoller Beleg dafür, dass der Kapitalismus aufgehört hat, für die Menschheit, für unterdrückte Völker und die internationale Arbeiterklasse eine Perspektive zu sein. Insbesondere kann der Kapitalismus die jüdische Frage nicht lösen.

Der Zionismus behauptet im Gegensatz dazu, die jüdische Frage innerhalb des Kapitalismus lösen zu können. Er behauptet, dass die Errichtung des Staates Israel dem Schutz der Juden aus aller Welt diene, stellt Israel hin als Schutz- und Trutzburg gegen die Stürme, die in aller Welt über Juden hinwegfegen. Diese zionistische Vorstellung erweist sich bereits bei oberflächlicher Betrachtung als Utopie. Seit Gründung des Staates Israel befindet sich dieser mit der arabischen Welt im Kriegszustand. Die ständige Diskussion um die „Sicherheit Israels" dort und hierzulande sind weitere Belege dafür, dass so sicher wie vom Zionismus behauptet die Juden in Israel nicht sind. Das war schon vor der israelischen Staatsgründung absehbar. Bevor Abraham Léon von den Nazis ermordet wurde, schrieb er 1942: „Die jüdische Tragödie des 20. Jahrhunderts ist eine direkte Folge des Niedergangs des Kapitalismus. (...) Der Niedergang des Kapitalismus, Grundlage für das Wachstum des Zionismus, ist auch die Ursache für die Unmöglichkeit seiner Verwirklichung. Das jüdische Bürgertum ist verpflichtet, mit allen Mitteln einen eigenständigen Nationalstaat zu schaffen und den objektiven Rahmen für die Entfaltung seiner Produktivkräfte zu sichern – und das zu einer Zeit, wo die Bedingungen einer solchen Entwicklung längst vorüber sind. (...) Man kann ein Übel nicht ohne seine Ursachen beseitigen. Der Zionismus aber will die jüdische Frage lösen, ohne den Kapitalismus, die Hauptquelle der jüdischen Leiden, zu zerstören." (Léon, a. a. O., S. 106)

Léon wusste, dass der Zionismus die Juden in Palästina in einen scharfen Konflikt mit den Arabern gebracht hatte und weiter bringen würde: „Man kann natürlich einen relativen Erfolg des Zionismus nicht ausschließen, derart etwa, dass eine jüdische Mehrheit in Palästina entsteht. Denkbar wäre sogar die Bildung eines ‚jüdischen Staates', d. h. eines Staates unter der vollständigen Herrschaft des englischen oder amerikanischen Imperialismus. (...) Bis zur Machtergreifung Hitlers 1933 blieb die Immigrationsquote in Palästina gering. Nach diesem Ereignis zogen Zehntausende von Juden nach Palästina. Diese „Hochkonjunktur" erlahmte bald unter dem Druck antijüdischer Manifestationen und Judenmassakern. Die Araber befürchteten ernsthaft, eine Minderheit im eigenen Land zu werden." (Léon, a. a. O., S. 108)

Die Bedeutung des Holocausts für die Gründung Israels

War der Zionismus vor Hitler eindeutig eine minoritäre politische Strömung innerhalb der jüdischen Diaspora, so schaffte er es nach dem Holocaust, die meisten der Überlebenden hinter sich zu sammeln und die Gründung Israels durchzusetzen. Die Radikale Linke, bzw. das Autorenkollektiv der von ihr herausgegebenen Flugschrift, leitet aus dieser Tatsache die Legitimität und Notwendigkeit der Gründung Israels ab. In der Flugschrift (März 1991) heißt es: „Weder die deutsche Demokratie, noch die (ausgebliebene) proletarische Revolution konnten die Juden vor der Vernichtung schützen. Daher können wir auch keinen anderen Schutz für Juden versprechen und müssen die Ansicht vieler Juden respektieren, dass sie durch ihren eigenen Staat Israel erstmalig seit zwei Jahrtausenden wieder eine sichere Zuflucht besitzen."

Abgesehen von der Mär, die Juden hätten sich in den vergangenen zwei Jahrtausenden nach einer sicheren Zufluchtstätte in Palästina gesehnt, ist dieser Kommentar auch sonst durch eine kritiklose Übernahme falscher und inhaltsloser Klischees gekennzeichnet. Auch wenn viele Radikale Linke möglicherweise selbst nicht an die Sicherheit der Juden in Israel glauben, so „respektieren" sie doch den Mythos, dass Israel die (Sicherheits-) Antwort auf den Holocaust sei. Richtig an dieser Stellungnahme ist nur, dass der bürgerliche Liberalismus und das Proletariat die Judenvernichtung tatsächlich nicht verhinderten und dass viele, aber nicht die Mehrheit aller Juden nach dem Holocaust in Israel Sicherheit zu finden hofften.

98.000 Überlebende des Holocaust befanden sich 1945 in Deutschland und Österreich in Lagern, hatten ihre Heimat verloren und brauchten einen Platz, an dem sie leben konnten. Ihre Zahl vergrößerte sich ständig durch jüdische Flüchtlinge aus Polen. Diese fanden ihre Dörfer zerstört vor und es gab dort 1945 und 1946 eine ganze Serie von Pogromen. 1947 befanden sich in den Lagern 450.000 jüdische Flüchtlinge, die nirgendwo auf der Welt, auch nicht in Palästina, Aufnahme fanden. Die Briten reagierten damit auf den arabischen Widerstand, die anderen Staaten sahen in den „displaced persons" auch nur eine Belastung. Nathan Weinstock stellt fest: „Wir müssen uns diese dramatische Lage vor Augen halten, wenn wir die Palästina-Frage analysieren. Da ihnen jeder andere Zufluchtsort verschlossen war, haben die ‚displaced persons' sich an eine letzte Hoffnung geklammert: in Palästina zu siedeln, dem einzigen Land, wo es einen Bevölkerungsteil gab, der sie willkommen hieß. (...) Die skandalöse Gleichgültigkeit der westlichen Regierungen bezüglich des Schicksals der dem Nazi-Terror Entkommenen erklärt, weswegen sie sich dem Zionismus zuwandten." (Nathan Weinstock, Zionism. False Messiah, London 1989, S. 220)

Die „displaced persons" hatten auch politisch kaum eine praktische Alternative, wie Taut betont: „1. Es gab damals keine alternative jüdische Bewegung zum Zionismus; 2. das Vertrauen in den Sozialismus war aufgrund der stalinistischen Deformationen und des Hitlerismus stark erschüttert. Beides spielte eine erstrangige Rolle dabei, dass es gelang, die jüdischen Massen in das Netz des Zionismus zu ziehen. Dass eine alternative Bewegung nach dem Zweiten Weltkrieg fehlte, erklärt zu einem wesentlichen Teil das ‚Geheimnis' der zionistischen Erfolge. Die jüdische Arbeiterbewegung samt ihren politischen Parteien, Gewerkschaften und Kulturorganisationen in Osteuropa war zerstört (...); die gesamte physisch-menschliche Basis war ausgerottet worden. (...) Und schließlich: In den anderen Teilen Europas und der übrigen Welt war keine soziale Basis vorhanden, um eine jüdische Arbeiterbewegung zu organisieren. Deshalb gab es keine alternative jüdische Bewegung zum Zionismus. Eine Alternative hätte nur eine wiedererwachte internationale sozialistische Bewegung selbst sein können. Man muss jedoch an den Mangel an Vertrauen in die bestehende Alternative und an die mangelnde proletarische Solidarität während der Judenvernichtung erinnern. Nach dem Krieg waren die revolutionär-sozialistischen Kräfte zu schwach, um diese Schwierigkeiten zu überwinden, obwohl sie das Banner der internationalen Solidarität hochhielten." (Taut a. a. O., S. 136)

Zionismus und Antisemitismus

Diese Schwäche der internationalen Arbeiterbewegung legitimiert dennoch nicht den Zionismus. Sie rechtfertigt auch nachträglich nicht, dass deutsche und andere europäische Linke die kolonialistische Besiedlung Palästinas und seine Eroberung durch die zionistische Bewegung rechtfertigen.

Tatsächlich wird bei dieser Art von „Sicherheits"-Argumentation vergessen, dass der Zionismus in keiner Weise dazu beigetragen hatte, den Holocaust zu verhindern und dass er viele Juden in einen neuen Konflikt führte, in den Konflikt mit den Palästinensern. An diesem Konflikt waren Juden als Kolonisatoren und Eroberer beteiligt, nicht als Opfer. Und mit welchem Recht und welcher Legitimation lassen deutsche Linke die Palästinenser für die Verbrechen ihrer „eigenen", deutschen herrschenden Klasse zahlen? Der Kampf gegen den Antisemitismus ist ein Kampf gegen die rassistisch-chauvinistische Unterdrückung von Juden. Der Kampf gegen den Zionismus ist ein Kampf gegen die kolonialistische Unterdrückung der Palästinenser und Palästinenserinnen. Beide Kämpfe sollten von Linken selbstverständlich unterstützt werden. Dass der Zionismus, der heute behauptet, alle Juden zu repräsentieren nur eine politische Strömung unter Juden darstellt, wurde schon erwähnt. Es bleibt jedoch noch sein besonderes Verhältnis zum Antisemitismus zu bestimmen.

Der Zionismus setzt historisch den Antisemitismus voraus. Seine „Lösung" für dieses Problem, ein rein jüdischer Kolonialsiedlerstaat in Palästina, bedarf aber auch des Antisemitismus als Garanten für einen anhaltenden Siedlerstrom. Sein Projekt war historisch nur im Bündnis mit imperialistischen Mächten durchzusetzen, die alles andere als nicht-rassistisch waren und sind. Führende Zionisten, so der frühere Präsident des Jüdischen Weltkongresses, Nahum Goldmann, sahen deshalb in der Assimilation von Juden immer die Hauptgefahr für den Zionismus: „Die Gefahr, die die Integrierung der jüdischen Gemeinschaften in die Nationen darstellt, ist größer als die äußerer Bedrohung durch den Antisemitismus und die Verfolgungen." (*Le Monde*, 13.1.1966)

Führende Zionisten waren aber häufig genug sogar bereit, diese Komplementarität von Zionismus und Antisemitismus zynisch auszunutzen. Typisch in dieser Hinsicht der israelische „Staatsgründer" David Ben Gurion im Jahre 1940: „Ich bin nicht bereit, unsere Situation in Erez-Israel mit dem Maßstab Nazi-Deutschlands oder irgendeinem anderen Maß zu messen. Ich habe nur ein Maß und einen Aspekt – das zionistische Maß. (...) die Frage, was diesem oder jenem Juden geschehen wird, interessiert uns nicht. Die Probleme, die ein Jude in der deutschen Diaspora oder selbst in der amerikanischen Diaspora hat, sind nicht unsere Probleme. Für die zionistische Konzeption ist nur eines von Bedeutung: Wird ein Problem die Überführung jüdischer Massen in das Land und ihre dortige Verwurzelung erleichtern und beschleunigen – oder nicht. Nichts anderes ist von Bedeutung." (zit. nach Taut, a. a. O., S. 147)

Aus demselben Grund haben sich die zionistischen Organisationen immer wieder gegen Kampagnen zur Vergrößerung der Einwandererkontingente in die USA gewandt. Sie taten nichts, als auf einer von Roosevelt im Juli 1938 einberufenen Konferenz in Evian Vertreter von 32 Staaten (mit der einen Ausnahme der Dominikanischen Republik) feststellten, sie könnten nichts für die Opfer des Faschismus tun. Selbst 1943, nach Bekanntwerden des Ausmaßes der Judenvernichtung in Europa, weigerten sich die amerikanischen Zionisten, eine Kampagne für die freie Einwanderung verfolgter Juden zu organisieren. Die zionistische Führung wusste dabei sehr genau, was sie tat. Schon nach der „Reichskristallnacht" hatte Ben Gurion geschrieben: „Das Schicksal der Juden in Deutschland ist kein Ende, sondern ein Anfang. Andere antisemitische Staaten werden von Hitler lernen. Millionen Juden sehen der Vernichtung entgegen. Das Flüchtlingsproblem ist dringlich und hat weltweite Proportionen angenommen. Großbritannien versucht gerade, die Flüchtlingsfrage und die Palästinas voneinander zu trennen. (...) Wenn Juden zwischen der Hilfe für Flüchtlinge, damit der Rettung von Juden aus Konzentrationslagern und der Unterstützung für ein nationales Museum in Palästina zu wählen haben, wird das Mitleid die Oberhand gewinnen, und die ganze Energie des Volkes wird in die Rettung von Juden aus verschiedenen Ländern kanalisiert (...). Der Zionismus wird nicht allein in der öffentlichen Meinung Großbritanniens und der Vereinigten Staaten von der Tagesordnung verschwinden, sondern ebenso in der jüdischen öffentlichen Meinung überall." (zit. nach Socialists and the Fight Against

Anti-Semitism, Pathfinder Press/New York, S. 20; vgl. Taut, a. a. O., S. 111)

Diese Haltung der Zionisten selbst in der Stunde der größten Not der europäischen Juden findet heute der Tendenz nach eine Fortsetzung in der Auseinandersetzung um die Einwanderung von Juden aus der UdSSR in andere Länder als Israel.

Es bedarf also nicht einmal des Rückgriffs auf Beispiele der Kollaboration zwischen Zionisten und Antisemiten oder sogar der Sympathien kleiner Teile der zionistischen Bewegung mit dem Faschismus in den dreißiger Jahren, um zu belegen, dass der Zionismus nicht die Interessen aller Juden vertritt. Seine Politik stößt auch nach dem Holocaust immer wieder auf die energische Opposition jüdischer Sozialistinnen und Sozialisten.

Zionismus ist kolonialistische Aggression

Die Gründung Israels hat die Palästinenserfrage enorm zugespitzt und zugleich der jüdischen Frage eine völlig veränderte Form gegeben. Jetzt, da der „sichtbarste" Teil aller Juden in Israel lebt, ist die jüdische Frage mit dem israelisch-arabischen Konflikt verbunden.

Der Zionismus, angetrieben durch die ungelöste soziale Frage des Ostjudentums, setzte von Anfang an darauf, einen Kolonialsiedlerstaat zu schaffen, um dem virulenten Antisemitismus zu entgehen. Offiziell ignorierte er die Existenz der palästinensischen Araber, inoffiziell setzte er von Anfang an auf deren Vertreibung. Er betrieb sein Siedlerstaatsprojekt, indem er erst mit den ottomanischen Beherrschern der arabischen Region, dann mit den vom Völkerbund mit dem Treuhandgebiet Palästina betrauten Briten kollaborierte und später vorrangig mit der Hegemonialmacht der Nachkriegsordnung, den USA.

Die „Nationalbewegung eines landlosen Volkes", wie sie von Autoren der Radikalen Linken genannt wird, war also von Anfang an aggressiv gegen die arabische Bevölkerung Palästinas gerichtet. Ihr Erfolg schloss das Selbstbestimmungsrecht der Palästinenser aus. Der Siegeszug des Zionismus beruhte auf der Vorenthaltung dieses Rechts zuerst durch den Völkerbund, dann durch die Vereinten Nationen und schließlich durch die Staaten, die sich Palästina teilten, allen voran Israel.

Weil der zionistische Siedlerstaat von Beginn an die Institutionalisierung einer kolonialistisch-imperialistischen Aggression gegen die arabische Nation war, musste er sich von Beginn an gegen den arabischen Widerstand „verteidigen" und unbedingt militärische Hegemonialmacht im Nahen und Mittleren Osten sein. Das permanente politische und militärische Bündnis mit dem Imperialismus gegen alle arabischen Staaten und die palästinensische Befreiungsbewegung wurde zur Existenzgrundlage Israels. Nur in diesem Bündnis kann Israel sein „Existenzrecht" verteidigen. Israel war „gezwungen", jeden zu stark gewordenen arabischen Staat der Region auf das neokoloniale Maß zurechtzustutzen. Damit war und ist es strategischer Brückenkopf des Imperialismus, der in ihm einen treuen Wachhund (so die israelische Zeitung *Ha'aretz*) findet. Neben dem Bestreben, sich von der NS-Vergangenheit reinzuwaschen, erklärt das Interesse an einem „stabilen", vom Imperialismus kontrollierten Nahen Osten den penetranten Philosemitismus der deutschen Bourgeoisie.

Währenddessen konnte auch die Zeit den Gegensatz des zionistischen Israels zu den Palästinensern nie einebnen. Die Behandlung von Nichtjuden als Staatsbürger zweiter Klasse, als im „Judenstaat" unerwünschte Elemente mit minderen Rechten, der durch die Förderung der jüdischen Einwanderung bedingte Vertreibungsdruck (nicht dauernd akut, aber immer beabsichtigt) und die aufgrund der neokolonialen Ordnung der arabischen Welt gegebene strukturelle Unfähigkeit zur Eingliederung der vertriebenen Palästinenser in die Gesellschaft der arabischen Anrainerstaaten sind dafür die Hauptgründe.

Wenn sich heute Linke über den Antisemitismus mancher Araber beklagen und diesen mit dem rassistischen Antisemitismus in Europa gleichsetzen, dann übersehen sie zuallererst die von Israel und schon zuvor von der zionistischen Bewegung ausgehende Unterdrückung der Araber. Sie übersehen aber auch, dass die verallgemeinerte Judenfeindschaft politisch wenig bewusster Araber ein Resultat des zionistischen Anspruchs ist, alle Juden zu vertreten und zu repräsentieren. Ein Anspruch, der die ursprünglich nicht-zionistischen Juden im Nahen Osten erst zum Gegenstand des Hasses und damit zu potenziellen israelischen Staatsbürgern gemacht hat. Es ist völlig klar, dass Linke sich auch gegen einen solchen Antisemitismus wenden. Aber an der Berechtigung und Legitimität einer antizionistischen Politik ändert das nichts.

Doppelcharakter Israels?

In der Radikalen Linken und im KB wird vom Doppelcharakter Israels gesprochen. Einerseits wird zugestanden, dass Israel „imperialistischer Vorposten" ist, andererseits sei Israel eben Zufluchtstätte für die jüdischen Opfer Deutschlands. So schreibt ein Berliner Mitglied der KB-Minderheit („cl.") im Arbeiterkampf 328: „Wenn also immer wieder gesagt wird, der Staat Israel gründe sich auf Unrecht und Vertreibung (der Palästinenser) und dieses Recht perpetuiere sich in der staatlichen Repression gegen dieselben, so stimmt dies zwar, aber eben nicht nur im Falle Israels: Kein ‚Volk' hat je in der Geschichte von einer übergeordneten Instanz einen Staat nach Gesichtspunkten des Rechts zugesprochen bekommen, wie es in der idealistischen Phraseologie vom ‚Recht des Volkes auf Selbstbestimmung' nahegelegt wird, sondern im

Gegenteil ausnahmslos jeder Staat gründet sich auf Vertreibung, Krieg, kurz: Gewalt – deshalb ist es nicht einzusehen, dass mit besonderer Vorliebe und besonderer Vehemenz den Israelis etwas vorgeworfen wird, was zur Form Staat nun einmal dazugehört." Schließlich heißt es nassforsch, „dass die bedingungslose Verteidigung des Existenzrechts Israels die Voraussetzung darstellt, um dessen Politik zu kritisieren". Es wird der Eindruck erweckt, dass die Infragestellung der These vom sicheren Refugium Israel schon Judenfeindschaft sei.

Die Theorie vom Doppelcharakter Israels, übersieht, dass Israel als eine imperialistische Exklave sich notwendig die Feindschaft der arabischen Massen zuziehen muss. Eine Nation, die andere unterdrückt, kann niemals in Sicherheit leben.

Die Dürftigkeit der Argumentation wird mit kategorischer Kraftmeierei verdeckt. Die argumentative Schwäche führt zu einer zynischen Rechtfertigung des Rechts des Stärkeren. Mit dieser Rechtfertigung lässt sich jeder imperialistischen Machtpolitik das Wort reden. Gegenüber den Palästinensern sind diese Thesen, gelinde gesagt, ein starkes Stück. Aber diese Thesen sind auch falsch. Nicht jeder Staat fußt auf der Unterdrückung und Vertreibung anderer Nationen, nicht jeder Klassenstaat ist ein Kolonialsiedlerstaat. Und für Kommunisten ist es durchaus nicht gleichgültig, wer gegen wen, wann und warum Gewalt ausübt.

Auschwitz wird missbraucht, um die Gründung Israels zu rechtfertigen. Und dann wird so getan, als gebe es künftig die Möglichkeit eines friedlichen Ausgleichs mit den Palästinensern – eine These, die auf der Verdrängung der Geschichte des Zionismus beruht und durch das Verschließen der Augen vor dessen Struktur einen Schein von Vernunft erhält. Aber die zionistische Realität bleibt so, wie sie Taut beschreibt: „Erez Israel gehört den Juden und niemand anderem, und deswegen ist kein Platz für die Araber in diesem Land – das ist das zentrale Axiom des Zionismus. (...) die Zwangsläufigkeit der antiarabischen und proimperialistischen Ideologie und Praxis, die sich durch die gesamte Geschichte des Zionismus wie ein ‚roter Faden' zieht. Es handelt sich um soziale und politische Grundsätze und nicht um die ‚Untaten' Einzelner." (Taut, a. a. O., S. 224 f.)

Nicht die jeweilige Politik Israels ist falsch, brutal usw., sondern der Staat Israel selbst kann nicht anders sein, als er ist, nämlich die Verkörperung kolonialistischer Aggression. Deshalb ist für Marxisten das „Existenzrecht Israels" ein absolutes Hindernis auf dem Wege der emanzipatorischen Lösung der palästinensischen und letztlich auch der jüdischen Frage. Für Marxisten lässt sich im Übrigen die Gründung Israels auch nicht mit dem Selbstbestimmungsrecht rechtfertigen. Es gibt kein Recht auf Kolonialismus und imperialistische Eroberung.

Das schlechte Gewissen der RL

Die Flugschrift-Autoren der Radikalen Linken nehmen die Unterdrückung der Palästinenser in Kauf. Aber das schlechte Gewissen drückt; nun wird anderen die Verantwortung zugewiesen, die Palästina-Problematik zu lösen. Nachdem sie schönfärberisch feststellen, dass Israel „als neuer Nationalstaat auf ein Gebiet ohne jüdische Bewohnertradition angewiesen" war, heißt es: „Es liegt daher maßgeblich in der Verantwortung des Westens, der ehemaligen Kolonialmächte und Israels (...), eine andere als militärische Lösung mit den Arabern und Palästinensern zu suchen, die alle Rechte auf staatliche Existenz berücksichtigt."

Das Vertrauen der Radikalen Linken in Imperialismus und Zionismus, die Palästina-Frage zu lösen, ist offenbar viel größer als das Vertrauen in den Sozialismus. Imperialismus und Zionismus werden aufgerufen, das Selbstbestimmungsrecht der Palästinenser in Form des Rechts auf staatliche

Existenz zu „berücksichtigen"! Dieser Wunsch findet beim Imperialismus wenig Gegenliebe, beim Zionismus gar keine. Die Kolonisierung des Westjordanlandes ist in vollem Gange. Aber eine Lösung böte die Zwei-Staaten-Idee selbst im Falle ihrer Verwirklichung nicht: „Die Vorstellung mancher Linker in aller Welt und selbst mancher Palästinenser ist absurd, einen palästinensischen Staat im Westjordanland und im Gazastreifen, die etwa 20 % des Gebietes von ganz Palästina ausmachen, als Lösung anzusehen. Warum der palästinensische Staat genau in diesen Grenzen von vor 1967 entstehen sollte, ist nicht zu verstehen. Noch weniger ist zu verstehen, wie die Schaffung eines solchen Staates eine Abschwächung von nationalen Gegensätzen und eine weitgehende Annäherung schaffen könnte. Viel eher ist das genaue Gegenteil aufgrund einer derartigen ‚Lösung' anzunehmen, selbst wenn auch nur als provisorische Lösung. Die Palästinenser sehen in ganz Palästina ihr Heimatland, da sie dort bis 1948 lebten und aus diesem Gebiet vertrieben wurden. Warum sollten die Verhältnisse besser werden, wenn sie, in diesen minimalen Raum eingepfercht, nur von Gnaden anderer vegetieren könnten und im restlichen Palästina Fremde blieben?" (Taut, a. a. O., S. 207 f.)

Die zionistischen Politiker wissen um die für die Existenz des Judenstaats gefährlichen Konsequenzen der Errichtung eines palästinensischen Staates und verteufeln diesen mit aller Macht, zumal sie nach wie vor der Vision eines exklusiv jüdischen Gesamtpalästina anhängen. Es bleibt daher unklar, weshalb die Autoren der Radikalen Linken ausgerechnet in die zionistische Führung Israels Hoffnungen setzen, die Palästina-Frage zu lösen. Tatsache ist jedenfalls, dass sich die Radikale Linke grundsätzlich in das Lager des Zionismus stellt und der israelischen Führung Ratschläge gibt, wie sie die Lage unter Kontrolle hält. Israel wird geraten, sich zu mäßigen, damit aus den palästinensischen Opfern des israelischzionistischen Staatsterrors nicht „Rächer werden, bei denen fanatische Demagogen und Despoten nun ein leichtes Spiel haben". Dazu passt, dass das Autorenkollektiv der RL, zu dem unter anderem Thomas Ebermann und Winfried Wolf von der VSP gehören, schreibt: „Eine internationalistische, Nationalitäten und den Staat überwindende Perspektive verschwindet, muss aber für uns als Utopie erhalten bleiben."

Noch bevor die RL aus den Startlöchern heraus ist, ist der emanzipatorische Anspruch faktisch aufgegeben. Die RL steht auf dem Boden der neokolonialen Weltordnung, wenn es um Israel geht. Die „Utopie" bleibt Gegenstand von Sonntagsreden. Demgegenüber bleibt daran festzuhalten, dass eine sozialistische, internationalistische Perspektive nicht nur Fernziel sein kann, sein darf. Sie ist die einzige Lösung. Für Palästinenser und für die jüdischen Israelis. Nur so kann der Kampf für ein friedliches Miteinander von Juden und Arabern zu einem Erfolg führen. J. Taut schreibt: „Das Ziel ist, die Rechte der Palästinenser auf ihr Heimatland zu erkämpfen, den kolonisatorischen und proimperialistischen Zionismus in Palästina zu beseitigen und zu einer jüdisch-palästinensischen Zusammenarbeit in einem gemeinsamen Staat zu gelangen; dies soll durch die Verwirklichung eines Palästinas innerhalb einer vereinigten arabischen Region geschehen. Im Rahmen dieses Programms ist für die Losung des nationalen Selbstbestimmungsrechts für die Israelis kein Platz, denn sie haben ein solches Recht in diesem Territorium nicht verloren, sie haben es vielmehr anderen entzogen. Die nationalen Rechte der jüdisch-israelischen Nation müssen im Rahmen des gemeinsamen Territoriums (oder Staates) oder Vereinigten Arabischen Ostens festgelegt werden." (Taut, a. a. O., S. 161)

Dabei ist zu unterstreichen, dass die Unterstützung des Kampfes der Palästinenser durch eine breitere antizionistische Opposition in Israel die besten Vorbedingungen für eine künftige Aussöhnung der jüdisch-israelischen mit der arabischen Nation schaffen würde. Europäische Linke können am besten für diese Perspektive kämpfen, indem sie jeden Schritt, der in Richtung der Vereinigten Sozialistischen Staaten des Nahen und Mittleren Ostens gemacht wird, solidarisch unterstützen. Dazu gehört aber auch, hier jedem Antisemitismus und jeder Araberhetze offensiv zu begegnen.

Mike Berry, Greg Philo
ISRAEL UND PALÄSTINA
Kampf ums „gelobte" Land – eine vergleichende Betrachtung *übersetzt von Verena Gajewski*

Nach ihrem erfolgreichen Buch „Bad News from Israel" legen Greg Philo und Mike Berry mit diesem Buch einen kurzen und prägnanten Leitfaden zum Israel-Palästina-Konflikt vor. Sie geben dem Leser einen Überblick über die große Bandbreite unterschiedlicher Ansichten sowohl auf israelischer als auch auf palästinensischer Seite, wobei sie jene Ansichten besonders hervorheben, die am besten durch Fakten belegt werden können.

Mike Berry und Greg Philo stellen die wichtigsten Ereignisse im Verlauf des Konflikts in chronologischer Abfolge dar und ziehen die Darstellungen der wichtigsten Historiker aus dem gesamten ideologischen Spektrum von Edward Said bis zu Benjamin Netanjahu heran.

ISBN 978-3-89706-846-9, 192 S., Softcover, 12,80 €
Format: 13,5 x 21,5; Edition Zeitgeschichte 25

Klaus Polkehn
DAMALS IM HEILIGEN LAND
Reisen in das Alte Palästina

„Belagerungen und Verwüstungen sind Ereignisse, auf die die von uns befragten Reisenden immer wieder verweisen. Stets ist Palästina ein umkämpftes Land gewesen. Wenn Napoleon Bonapartes Ausspruch, dass Geographie Geschichte sei, zutrifft, dann gewiss auf diesen Landstrich an der Brücke zwischen Asien und Afrika."

Trotz der Beschwernisse einer langen, oft gefährlichen Fahrt kamen sie seit Hunderten von Jahren ins Heilige Land: Gläubige und Ungläubige, Wißbegierige und auch Ignoranten. So unterschiedlich wie ihre Reisegründe waren die Sichten des Mönchs und des Kaufmanns, des aufgeklärten Forschers oder von Politikern und Militärs. Den Reisenden des 18. und 19. Jahrhunderts verdanken wir die Beschreibung vieler Relikte eigenständiger palästinensischer Geschichte, die in den letzten hundert Jahren ausgelöscht worden sind. Forscher verließen ausgetretene Pilgerpfade, wagten sich ins Ungewisse abseits der Wege von Jaffa nach Jerusalem. Sie zeichneten ihre Beobachtungen von Saat und Ernte, Freuden und Leiden der Einheimischen, von Unterdrückung und Widerstand, Zerstörung und Aufbau. Ihre Berichte stellen alte und neue Klischees in Frage.

ISBN 978-3-89706-905-3 , Hardcover mit vielen großformatigen Fotos, 234 Seiten, 14.80 €
Kulturgeschichte Band 4

Lenni Brenner
ZIONISMUS UND FASCHISMUS
Über die unheimliche Zusammenarbeit von Zionisten und Faschisten

Ein kleiner, extrem fanatischer Teil der Zionisten ging soweit, den Nazis 1941 anzubieten, auf deutscher Seite in den Krieg einzutreten, da man hoffte, auf diese Weise die Errichtung des „historischen Judenstaates auf nationaler und totalitärer Grundlage, der in einem Vertragsverhältnis mit dem Deutschen Reich stünde", erreichen zu können. Diese Tatsache verleiht diesem Buch zusätzliche Brisanz... Lenni Brenner zeigt Fälle auf, in denen die Zionisten mit den anti-semitischen Regimes in Europa, einschließlich des Regimes von Adolf Hitler, zusammengearbeitet haben.

Tatsächlich stand die zionistische Bewegung niemals an vorderster Front bei der Bekämpfung des Faschismus. Ihrem Ziel eines jüdischen Staates wurde alles andere untergeordnet ... waren die Zionisten bereit, mit den faschistischen Regimes zu kollaborieren.

junge Welt

ISBN 978-3-89706-873-7, Hardcover mit Schutzumschlag, 368 S., 24,80 €
Format: 13,4 x 21,5; Edition Zeitgeschichte 21